"十二五"辽宁省重点图书出版规划项目

国家自然科学基金项目（71162010）最终研究成果

三友会计论丛

第15辑

SUNYO ACADEMIC SERIES IN ACCOUNTING

Research on the Change of CPA Firms Based on CPA's Job-hopping

换"所"不换"师"式变更问题研究

谢盛纹●著

东北财经大学出版社
Dongbei University of Finance & Economics Press
大连

图书在版编目(CIP)数据

换“所”不换“师”式变更问题研究 / 谢盛纹著. —大连：东北财经大学出版社，2015.5
（三友会计论丛 · 第15辑）
ISBN 978-7-5654-1931-7

Ⅰ. 换… Ⅱ. 谢… Ⅲ. 资本市场-审计-研究-中国 Ⅳ. F239.65

中国版本图书馆CIP数据核字(2015)第089611号

东北财经大学出版社出版
(大连市黑石礁尖山街217号 邮政编码 116025)
教学支持：(0411) 84710309
营 销 部：(0411) 84710711
总 编 室：(0411) 84710523
网 址：http：//www.dufep.cn
读者信箱：dufep@dufe.edu.cn

大连图腾彩色印刷有限公司印刷 东北财经大学出版社发行

幅面尺寸：170mm×240mm 字数：179千字 印张：12 1/4 插页：1

2015年5月第1版 2015年5月第1次印刷

责任编辑：李智慧 孔利利 责任校对：王 娟 刘 洋
封面设计：冀贵收 版式设计：钟福建

定价：38.00元

三友会计论丛编审委员会

出版者的话

随着我国以社会主义市场经济体制为取向的会计改革与发展不断深入，会计基础理论研究的薄弱和滞后已经产生了明显的“瓶颈”效应。这对于广大会计研究人员而言，既是严峻的挑战，又是难得的机遇。说它是“挑战”，主要是强调相关理论研究的紧迫性和艰巨性，因为许多实践问题亟须相应的理论指导，而这些实践和理论在我国又都是新生的，没有现成的经验和理论可资借鉴；说它是“机遇”，主要是强调在经济体制转轨的特定时期，往往最有可能出现“百花齐放，百家争鸣”的昌明景象，步入“名家辈出，名作纷呈”的理论研究繁荣期和活跃期。

迎接“挑战”，抓住“机遇”，是每一个中国会计改革与发展的参与者和支持者义不容辞的责任。为此，我们与中国会计学会财务成本分会、东北财经大学会计学院联合创办了一个非营利的学术研究机构——三友会计研究所，力求实现学术团体、教学单位、出版机构三方的优势互补，密切联系老、中、青三代会计工作者，发挥理论界、实务界、教育界三方面的积极性，致力于会计、财务、审计三个领域的科学研究和专业服务，以期为我国的会计改革与发展做出应有的贡献。

三友会计研究所的重大行动之一就是设立了“三友会计著作基金”，用于资助出版“三友会计论丛”。它旨在荟萃名人力作及新人佳作，传播会计、财务、审计研究与实践的最新成果与动态。“三友会计论丛”于1996年推出第一批著作；自1997年起，本论丛定期遴选并分辑推出。

采取这种多方联合、协同运作的方法，如此大规模地遴选、出版会计著作，在国内尚属首次，其艰难程度不言而喻。为此，我们殷切地希望广大会计界同仁给予热情支持和扶助，无论是作为作者、读者，还是作为评论者、建议者，您的付出都将激励我们把“三友会计论丛”的出版工作坚持下去，越做越好！

东北财经大学出版社

前言

众所周知，审计是一项重要的公司外部治理机制。在“上市公司会计信息-审计师-外部信息使用者”这一契约关系中，作为“公正第三方”的审计师是不可或缺的中间桥梁，他们旨在降低信息不对称、缓解代理冲突、保护所有者合法权益及在维护正常市场经济秩序方面扮演重要角色。然而，一旦中间桥梁（审计师）发生了变更，必然会导致审计关系的变化与重构，进而产生一系列的经济后果。在实务界，各国家（或地区）的证券监管部门对审计师变更问题都给予了高度重视，制定并实施一系列的法规政策对这一行为加以规范。在学术界，自 Burton 和 Roberts（1967）基于公司自身特征视角开启了审计师变更问题研究的大门以来，国内外学者结合各国审计市场环境与法制背景，就审计师变更与审计质量、审计定价及市场反应等相关问题展开理论分析与实证研究，并取得了丰硕的研究成果。然而遗憾的是，以往关于审计师变更问题的文献研究大都是以会计师事务所为主体展开的，很少能同时考虑签字注册会计师个体情况这一重要因素。事实上，审计作为一项“以人为本”的特殊服务工作，在审计契约中体现的会计师事务所与客户之间的主体关系必须具象到人与人之间的个人关系，这在人际关系色彩浓厚的中国传统文化背景下显得尤其重要。因此，在基于会计师事务所整体层次对注册会计师变更问题进行分析的同时，立足于注册会计师个体行为特征进行细化研究，理应能够更加直观且充分地反映注册会计师变更行为承载的信息含量。

有趣的是，在我国审计市场上发生的众多注册会计师变更的案例中，有为数不少的上市公司追随为其提供审计服务的签字注册会计师跳槽，即客户改聘的继任会计师事务所就是原签字注册会计师跳槽之后供职的“新东家”，这种“客随师走”的行为便引致了换“所”不换“师”的现象。这一现象的特殊性就在于：表面上已经发生了会计师事务所变更，实质上执行具体审计业务并签字的注册会计师并未发生变更。这种特殊且目前相关政策规定尚未明确涉及的变更方式，很可能是客户与注册会计师在合规范围内进行“合谋”的一种体现，故其必然承载着独特的信息寓意，既有其独特的诱致动因，亦会产生特定的经济后果。鉴于此，本书针对“客随师走”而形成的换“所”不换“师”式变更现象的成因与后果做一较为全面的分析。具体地，“客随师走”缘由为何？研究结果显示：客户公司审计意见刚性需求、签字注册会计师个人掌握了客户资源控制权、“签字注册会计师-客户管理层”个人关系驱动等都是导致换“所”不换“师”式变更行为发生的重要缘由。那么，“客随师走”会产生哪些特定后果？研究结论表明：在换“所”不换“师”的情况下，签字注册会计师需在其与“老客户”之间的个人关系、其与“新东家”之间的雇佣关系之间做出适当的权衡与选择，给予“老客户”盈余管理方面的“延期补偿”，给予审计意见及审计收费方面的“变相补偿”，以尽可能保证既不令“老客户”因“施人情却未得回报”而感心寒，亦不令“新东家”因“员工未遵从职业规则”而不信任。相应地，作为“新东家”的继任会计师事务所通常也会采取派遣其他注册会计师与原签字注册会计师搭档审计或暂停原签字注册会计师为追随其跳槽的“特殊客户”继续审计并签字等方法，牵制由“客随师走”可能产生的审计“合谋”行为，以保障审计服务质量，维护本所的行业声誉。但遗憾的是，证券市场参与者未能捕获并甄别这一特殊变更现象所承载的特定信息含量并做出合理的决策反应，这与目前并无相关法规条例对“客随师走”行为做出明确的信息披露规定有一定关系。

总之，本书针对换“所”不换“师”式变更现象的形成机理、行为动因及经济后果进行了全面理论分析与实证研究，并获得了不同于以往关于审计师变更问题研究的新结论。鉴于这一事项的特殊性，我们建议证券监管部门细化并完善上市公司变更审计师事项的信息披露制度，尤其是设计并出台针对注册会计师个体流动行为管理及信息披露的相关规定，加强政策法规执行力度，实现“有章可循、有法必依”，提高资本市场的信息透明度，确保市场参与者及证券监管部门能够及时有效地获悉上市公司更换审计师事项的信号及其经济含义，以便做出科学合理的决策，从而有利于整个资本市场健康有序发展。

谢盛纹

2015年1月

目录

第 1 章

导论

1.1 研究背景

从21世纪初安然事件的爆发及SOX法案的出台，到中央青山普华永道为嘉娜宝财务作假而被日本金融厅处以暂停大客户审计资格两个月，再到毕马威帮助客户财务作假而被我国司法部和注册会计师监管机构处罚，这一系列的连锁事件在国际证券市场和审计学术界掀起了不小的波澜，使得人们对上市公司会计欺诈和会计师事务所审计问题的关注度不断升温，对提高审计质量的呼声也日益高涨。从理论上讲，上市公司提供充分、公允和准确的财务信息是资本市场得以有效运行的基础。各国（或地区）都制定了相关的法律法规以要求上市公司披露的财务信息能够准确反映其经营成果，并要求由独立的会计师事务所对上市公司的财务报表进行审计。这一制度安排至关重要，因为注册会计师的审计鉴证可以使由上市公司管理层负责的财务报表受到审查，这种审查代表了股东和债权人等相关利益者的利益，会计师事务所是管理层和那些依赖财务报表的使用者之间的桥梁。在“上市公司财务报表—会计师事务所—财务报表使用者”这一链条中，一旦其中间桥梁（会计师事务所）发生了变化，必然引起人们对这一事实的关注，探究其蕴含。

在实务界，针对会计师事务所变更行为及其产生的经济后果，各国家（或地区）的证券监管部门都给予了高度重视，制定和实施了一系列的法规政策对这一行为加以规范。美国证券交易委员会（SEC）为了限制管理层通过频繁更换会计师事务所以达到财务报表造假的目的，规定上市公司在更换会计师事务所时，必须以8-K格式向委员会提交报告，说明上市公司和会计师事务所之间是否存在重要意见不一致的情况及具体内容；会计师事务所也应当及时客观地以书面形式说明上市公司的陈述是否属实。在我国，证监会于1993年就出台了相关的政策，在《公开发行股票公司信息披露实施细则（试行）》（1993）中指出：如果上市公司需要变更会计师事务所，应当编制重大事件公告书向社会披露变更情况。1996年，证监会又发布了《上市公司聘用和更换会计师事务所有关问题的通知》，并规定：上市公司在解聘或不再续聘前任会计师事务所时，应当由股东大会提出来，并在相关报刊上披露，必要时说明更换会计师事务所的原因，并且报中国证监会和中注协备案；上市公司在做出解聘或者不再续聘前任会计师事务所的决定时，应当事先通知前任会计师事务所，前任会计师事务所有权向股东大会陈述意见；另外，继任会计师事务所应当向前任会计师事务所和上市公司了解变更会计师事务所的原因。2007年我国证监会公布的《上市公司信息披露管理办法》中规定：上市公司应在董事会做出解聘会计师事务所的决议后及时告知会计师事务所，股东大会就解聘事项进行表决时，应允许前任会计师事务所陈述意见；股东大会做出解聘或更换决议的，上市公司应当在披露时说明解聘或更换的具体原因以及会计师事务所对此的陈述意见。2003年10月，财政部与证监会联合发布了《证券期货审计业务签字注册会计师定期轮换的规定》，该规定要求上市公司、首次公开发行的证券公司、证券及期货交易所、证券及期货经营机构、证券投资基金及其管理公司等机构聘任的签字注册会计师连续向其提供审计服务不得超过5年。由此可预见，随着我国资本市场的发展和不断成熟，会计师事务所变更的事件必将不断增加，也将会涌现出各种各样的变更方式。

在学术界，Burton and Roberts（1967）基于上市公司自身特征变化的视角开启了会计师事务所变更问题研究的大门，此后，诸多学者结合各国或地区审计市场的特征，对会计师事务所变更与审计质量、审计费用之间的相关关系展开了一系列理论与实证研究，并取得了丰硕的研究成果。起初人们主要在研究会计师事务所变更之后，审计意见是否发生明显变化，或者审计意见类型是否会导致会计师事务所变更等问题；之后，随着对会计师事务所变更问题的深入分析，人们开始探究会计师事务所变更的内外动因，研究会计师事务所变更这一事项究竟是由上市公司引起的还是由会计师事务所引起的。总之，我们发现这些研究大都是以会计师事务所为主体来分析会计师事务所变更问题的，而以签字注册会计师为主体来研究会计师事务所变更问题的很少。然而，诸多西方学者经过理论研究与案例研究都表明会计师事务所变更的形式能够直接或间接地反映会计师事务所发生变更的原因，而且不同形式的变更向市场传递的信号不同，所产生的经济后果也有所差异，如签字注册会计师流动并带走客户可能意味着客户公司与会计师之间存在某种特定的人际关系，这种超出普通工具性关系的聘任关系的存在和延续会影响注册会计师的独立性，并最终影响审计的质量。

在我国审计市场上，会计师事务所变更行为随着上市公司数量的不断增加而有所增加。据不完全统计，在我国证券市场上所发生的会计师事务所变更事项共计千余例（统计结果截至2009年）。值得注意的是，在这些更换会计师事务所的上市公司中，追随签字注册会计师“共进退”的现象并不鲜见，如刘峰等（2002）以中天勤会计师事务所提供审计业务的客户为研究样本，分析这些客户在选择新的会计师事务所时是否存在某种特殊倾向，结果发现很多上市公司在选择新的会计师事务所时，选择追随原来提供审计业务的签字注册会计师，这种上市公司与签字注册会计师“共进退”的比例非常之高；此外，王英姿和陈信元（2004）在分析安永大华会计师事务所合并前后的客户资源状况时，也发现部分客户跟随签字注册会计师跳槽而相应变更会计师事务所的现象。然而，就我国目前的法制体系及研究状况而言，签字注册会计师流动并带走客户而导致的会计师事务所变更，是一种特殊的且目前相关法规尚未明确涉及的变更方式，它既有特定的变更原因和经济后果，又有独特的信息含义。

总之，持续关注会计师事务所变更问题，不仅可以丰富会计师事务所变更的理论知识，而且可以补充来自我国资本市场的研究文献，还可以帮助投资者和监管部门深入解读会计师事务所变更，对其决策具有重要的现实意义。更为重要的是，在人际关系色彩十分浓厚的中国传统文化背景下，个人关系是一种专有性较强的特殊稀缺资源，人们往往对“关系网”内的人较为信任并与之进行交易，审计业务亦不例外。故而，在会计师事务所变更行为过程中所体现的会计师事务所与客户之间的主体关系，实际上必须具象到人与人之间的个人关系，即签字注册会计师与客户管理层之间的关系，这一个人关系在客户的会计师事务所变更决策中起着不可忽视的作用（薛爽等，2013）。因此，在基于会计师事务所整体层次对会计师事务所变更问题进行分析的同时，立足签字注册会计师个体层次的行为特征进行的相关研究，理应能够更加直观且充分地反映会计师事务所变更行为所承载的信息含量。

1.2 研究问题与意义

1.2.1 研究问题

Burton and Roberts（1967）基于上市公司自身特征变化的视角开启了会计师事务所变更问题研究的大门。此后，诸多学者结合各国或各地区的审计市场特征，立足于审计费用、审计意见、公司财务状况、审计师采取稳健的会计处理方法和审计意见购买等角度对会计师事务所变更的影响因素进行分析，同时，对会计师事务所变更与审计质量、审计费用之间的相关关系展开一系列理论与实证研究，取得了丰硕的研究成果。早期关于会计师事务所变更领域的研究主要集中于会计师事务所变更与审计意见（或意见分歧）的关系，但未着力区分审计服务市场的需求变化（导致解聘）和供给变化（导致辞聘）。中后期开始的研究着力于区分变更的发起方。尤其是20世纪90年代中期以来，发表在权威刊物上的论文基本上是会计师事务所辞聘研究，即着重研究审计服务市场的供给变化（吴溪，2001）。但是，这些研究都是以会计师事务所为主体来分析与研究会计师事务所变更的，而以签字注册会计师为主体来研究会计师事务所变更的很少。

事实上，签字注册会计师个体在不同会计师事务所之间的流动，也会导致会计师事务所变更，这不仅是签字注册会计师和会计师事务所的内部问题，而且是与被审计单位、整个审计行业，乃至整个资本市场息息相关的外部问题。此外，如果签字注册会计师与其所在的会计师事务所因为其个人流动而产生不睦，则必然影响审计服务质量，并对注册会计师行业执业服务的整体效能产生影响。在对我国上市公司的会计师事务所变更行为进行深入观察后，我们发现当签字注册会计师因所在的会计师事务所解散而到其他会计师事务所工作，或直接跳槽到其他会计师事务所时，签字注册会计师能够带走原有客户并继续对该客户进行审计，形成了“换‘所’不换‘师’”的特有现象。我们认为这种“换‘所’不换‘师’”式的变更，是一种特殊的且目前相关政策规定没有涉及的变更方式，它既有其独有的原因和经济后果，又有独特的信息含义，对完善现有政策和法规也有其特殊的贡献。鉴于此，以签字注册会计师流动带不带走审计客户为标准，我们可以简单地将签字注册会计师流动而带来的会计师事务所变更，分为签字注册会计师流动且带走审计客户（CHG_CPA）的变更和签字注册会计师流动但没有带走审计客户（NCHG_CPA）的变更。那么，这两种变更的原因是什么？这两种变更的审计质量和审计费用会有什么样的差异？CHG_CPA变更与审计质量或审计费用的关系又是怎样？市场对此的反应如何？这些问题对于丰富审计理论研究手段和现有成果，规范会计师事务所、签字注册会计师的行为和提高其审计独立性都具有积极的理论价值和现实意义。正是基于这样的背景和思考，我们将选择CHG_CPA和NCHG_CPA的上市公司样本，拟订相应研究计划，提出拟解决的以下5个方面的问题：

● 是什么原因导致CHG_CPA变更，且发生CHG_CPA变更的公司特征如何？

● CHG_CPA和NCHG_CPA变更后的审计质量（应计质量和审计意见）差异，以及CHG_CPA变更与审计质量的关系如何？

● CHG_CPA和NCHG_CPA变更后的审计费用差异，以及CHG_CPA变更与审计费用的关系如何？

● CHG_CPA和NCHG_CPA变更的市场反应如何?

● 最后，针对研究结论，结合我国资本市场的制度环境和法律环境，提出针对在我国审计市场中会计师事务所变更以及签字注册会计师流动问题的相关措施和政策完善建议。

1.2.2 研究意义

注册会计师变更问题一直都是学者研究的热点问题。上市公司更换会计师事务所之后，继任会计师事务所和签字注册会计师的专业胜任能力及审计独立性，与前任的均有所不同，这必然会对审计质量产生一定程度的影响。重要的是，当上市公司更换会计师事务所时，若签字注册会计师与管理层之间存在着特殊的人际关系，并导致上市公司追随其流动到新的会计师事务所，这不可避免地会对审计独立性产生影响，而且在这种特定人际关系下，随着签字注册会计师审计任期的延长，对审计质量、审计费用及审计意见等产生的影响也可能发生变化。关于这些问题的研究对丰富现有相关研究、完善会计师事务所变更的监督机制、提高审计服务质量等具有重大的理论价值和现实价值。

首先，目前，国内外学者关于会计师事务所变更问题的研究大都是立足于会计师事务所的视角，以签字注册会计师为主体进行分析研究的十分少见。本研究基于社会学中的人际关系理论及财务学的相关理论，引入私人关系概念，以签字注册会计师流动是否带走客户为切入点，对上市公司更换会计师事务所的类型进行划分，分别考察不同形式的变更所隐藏的内在变更动机，重点研究签字注册会计师流动且带走审计客户而形成的换“所”不换“师”方式的变更（CHG_CPA）对审计质量、审计费用的影响，市场投资者对这种特殊形式的变更是否做出了相应的投资反应？对这些重要问题的研究与探讨，将补充和细化会计师事务所变更相关问题的文献研究，丰富现有理论研究和实证研究成果，也为该领域的问题研究提供了来自中国证券市场的经验证据与逻辑思路。

其次，考察签字注册会计师流动是否带走客户这一换“所”不换“师”式变更方式（CHG_CPA）对审计质量及审计费用等产生的影响，以及在这种特殊的变更方式下，签字注册会计师个人与客户管理层人员之间建立的私人关系的亲密程度又会产生怎样的影响？而且，在这种特殊的会计师事务所变更方式下，签字注册会计师与客户管理层之间的关系，或许比会计师事务所主体与客户公司主体之间的关系更为重要。对这些问题的剖析，将有助于继任会计师事务所识别那些与客户存在特殊人际关系的签字注册会计师，并提醒其保持应有的独立性，恪守职业规范，防止其与客户进行合谋或者帮助客户进行盈余管理，从而避免其对会计师事务所的职业声誉产生不利影响。

再者，从人际关系视角对会计师事务所变更问题进行深入剖析，有助于相关信息使用者更好地解读会计师事务所变更行为，掌握这一事项所体现的内在信息本质，进而准确地做出决策判断。这有助于降低信息发布者与信息使用者之间的信息不对称程度，提高公司财务信息及其他相关信息的透明度，促进市场公正和公平，保护市场参与者的利益。总之，通过人际关系视角对会计师事务所变更问题的研究有助于签字注册会计师行为规范化，有助于会计师事务所的长足发展，从而提高整个资本市场的审计服务水平，促进我国市场经济的健康有序发展。

1.3 研究思路与方法

1.3.1 研究思路

国内外学者关于会计师事务所变更行为的动因及经济后果的理论分析和实证研究比较多，本书在借鉴已有文献的先进经验和优秀成果的基础上，引入社会学中的人际关系理论，以签字注册会计师的个体流动情况为切入点，对会计师事务所变更的类型进行具体划分，继而展开理论分析与实证研究。

首先，CHG_CPA变更的行为动因。签字注册会计师流动并带走客户而形成的换“所”不换“师”式变更（CHG_CPA），作为我国审计市场上的一种并不鲜见的会计师事务所变更事项，这种特殊形式的变更行为的动因何在？抑或是何原因诱使客户管理层选择追随签字注册会计师“共进退”的策略？抑或在何种情况下，客户管理层更有可能选择追随签字注册会计师跳槽？这其中是否暗藏了客户管理层与签字注册会计师在盈余管理、审计意见购买等方面的“合谋”行为？本书将结合我国特定的审计市场环境及制度背景，在客户资源控制权、个人关系驱动及审计意见需求等角度对该问题进行深入探讨，以厘清换“所”不换“师”式变更的行为机理；然后，选取我国A股市场上市公司为样本，构建数据模型进行实证分析，以考察换“所”不换“师”式变更行为的内外动因。

其次，CHG_CPA变更的经济后果。“由客随师走”引致的换“所”不换“师”现象，作为一种较为特殊的会计师事务所变更形式，反映了客户管理层与签字注册会计师之间的超工具性的特殊人际关系，这其中有独特的诱致动因，自然也会产生特定的经济后果。简单地讲，当签字注册会计师流动时，由他们审计的客户拥有3种不同的策略可供选择，而其中为数不少的客户之所以选择追随签字注册会计师跳槽并改聘会计师的“新东家”作为继任的会计师事务所，其最直接的动机很可能就是期望获得签字注册会计师的“配合”，比如盈余管理、审计调整及审计意见等方面的“优待”，甚至是“合谋”。那么，在审计实务中，这些特殊的审计诉求或期望能否如愿以偿是本书研究的重点问题。具体地，本书将立足于我国特定的审计市场环境及制度背景，选取我国A股市场上市公司为样本，构建数据模型进行实证分析，考察换“所”不换“师”式变更（CHG_CPA）对盈余质量、审计意见及审计费用产生的影响，以及市场投资者对这种特殊形式的会计师事务所变更事项做出的反应。

最后，CHG_CPA变更的政策监管。在厘清换“所”不换“师”式变更（CHG_CPA）的行为动因、内在机理及其产生的经济后果之后，本书研究的最终目标就是总结理论分析和实证研究获得的经验证据，结合我国法律和制度环境，提出完善签字注册会计师流动之监管政策的建议，以期有助于规范注册会计师的执业行为，提高注册会计师审计行业的整体服务水平。

1.3.2 研究方法

本书在进行理论分析和实证检验的过程中所采用的研究方法主要有以

下几种：

（1）文献研究法。文献研究法为本书研究过程中相关文献的搜集、鉴别和整理提供了方法指导，总结已有的研究成果和研究经验，为本书研究问题的展开、研究假说的提出、理论框架的建立、研究工具设计等提供经验基础和方法依据，从而更全面地了解本研究项目对现有优秀成果的拓展，把握该领域内相关问题研究的最新动态，发现尚需解决的问题或尚待完善的政策等，为本书研究奠定良好的研究基础。

（2）演绎推理法。演绎推理法利用逻辑推理方法分析换“所”不换“师”式变更行为产生的行为动机，利用假说演绎方法分析这种特殊形式的会计师事务所变更事项对审计独立性产生的可能影响，继而对审计服务的质量高低、审计意见类型及审计费用变化等产生的影响，以及换“所”不换“师”式变更行为反映出来的特殊人际关系及其亲密程度可能产生的经济后果。采用演绎推理法，在合理的逻辑推理和假说演绎的基础上，根据研究问题，选取研究样本并构建数学模型，运用经验数据来检验假说的成立与否，从而推断研究命题的真伪。

（3）实证检验法。实证检验法为规范分析的推断提供经验证据上的支持或否定。本书通过样本分类筛选的方法，将签字注册会计师流动并带走客户而形成的换“所”不换“师”式变更与非换“所”不换“师”式变更相比，对审计质量、审计意见及审计费用等产生的影响有何差异；尤其是在换“所”不换“师”式变更下，签字注册会计师与客户管理层之间的私人关系及其亲密程度又产生了怎样的影响；通过相关性分析、多元回归分析等实证检验方法，以支持或否定研究假设。

（4）定性分析法和定量分析法相结合法。定性分析法和定量分析法相结合法依据上市公司是否追随签字注册会计师流动这一标准对会计师事务所变更类型进行定性分析。在换“所”不换“师”式变更的样本组下，对签字注册会计师与客户管理层之间的人际关系的亲密程度对审计质量、审计费用等产生的影响进行量化分析，以增强本书研究思路及研究结果的完整性与合理性。

1.4 研究框架

本书的研究思路：第一，对会计师事务所变更的类型进行分析，厘清相关文献，提出CHG_CPA变更的存在且无相关文献对之进行系统研究的现状；第二，对这种变更的动机与后果进行规范分析，梳理出相关的研究命题，并根据研究命题建立假设，收集研究样本，建立研究模型，进行实证分析，剖析实证结果；第三，结合理论分析及实证检验的结果，提出相关的政策建议。结合本书的研究思路与具体内容，设计研究框架，如图1-1所示。

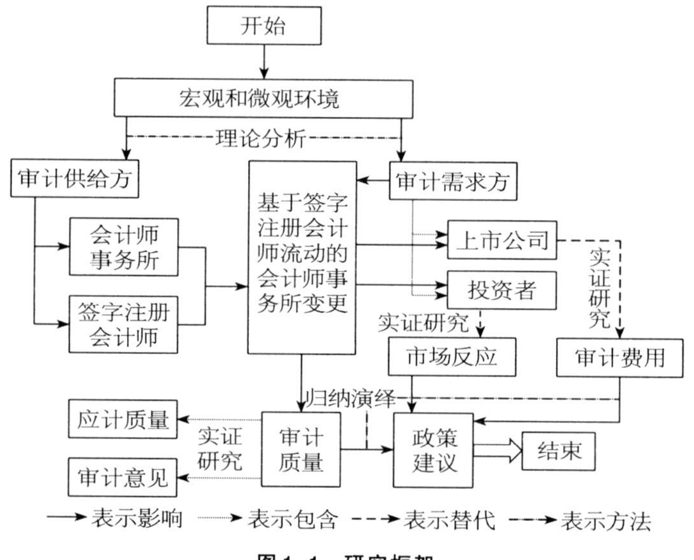

图1-1 研究框架

第 2 章

文献综述

关于会计师事务所变更问题的研究，大致始于20世纪六七十年代，国内外诸多学者结合各国家或地区的法制背景以及审计市场环境，对会计师事务所变更行为发生的动因及其产生的经济后果进行理论分析和经验研究，并取得了丰硕的研究成果。其中，绝大多数的文献研究是基于会计师事务所的视角，而基于签字注册会计师个体的流动情况这一视角的文献研究尚属少见。为了更好地了解会计师事务所变更问题的研究现状与动态，下面分别从国外和国内两个方面对相关文献进行梳理和评述。

2.1 国外文献

在国外文献研究中，最早关注会计师事务所变更问题的是Burton and Roberts（1967）。此后，诸多学者基于公司治理特征、审计费用、审计意见购买等角度对会计师事务所变更的影响因素进行分析；同时，针对会计师事务所变更事项对审计质量、审计费用、审计意见类型及其购买产生的影响、市场投资者对此产生的反应等问题展开一系列理论与实证研究，并取得了丰富的研究成果。为了便于梳理，本书下面分别从会计师事务所变更的动因分析和会计师事务所变更的经济后果两个层面展开文献评述。

2.1.1 会计师事务所变更的动因分析

会计师事务所变更行为可谓是证券市场上一项较为常见的经济活动。上市公司改聘为其提供财务报告审计服务的会计师事务所的原因也是多方面的，抑或上市公司因业务发展的需要、审计意见分歧等原因解聘现任会计师事务所，抑或会计师事务所基于审计风险规避等原因而主动辞聘，抑或会计师事务所的定期轮换政策要求而改聘事务所，归纳起来主要有以下几个方面的原因：

（1）审计意见分歧与意见购买。持这种观点的人认为上市公司变更会计师事务所的主要原因是为了避免被出具“保留意见”，获得更“仁慈”的审计处理，存在“购买审计意见”的嫌疑（Chow and Rice，1982；McConnell，1984；A.T.Craswell，1988；Krishnan and Stephens，1996；Chen、Su and Wu，2010）。但是，Fried and Schiff（1981）、Schwartz and Menon（1985）和Johnson and LyS（1990）的研究并未发现审计意见分歧与会计师事务所变更方向之间存在显著的相关性。[①]同时，Williams（1985）还认为审计师变更的原因并非是客户为了寻求更加配合的审计师以实现意见购买，而是公司对前任审计师审计质量的不满或公司认为优质会计师事务所有助于审计效率提高。此外，意欲加强监管系统的公司变更会计师事务所的倾向更大。

（2）公司财务状况和公司治理方面。Schwartz and Menon（1985）认为处于财务困境的公司，Bryan、Tiras and Whealley（2001）认为濒临破产公司，以及Wallace（2005）认为发生财务报表重述的公司更易发生会计师事务所变更；Haskins and Williams（1990）的研究结果则显示审计行业集中度、公司财务状况、规模和成长性是影响“八大”变更的主要因素，而公司IPO和审计意见类型对其影响不明显。其他研究结果表明组织治理结构、管理层声望及审计费用（Tate，2007），审计委员会对审计师的执业水平持不同意见（McMullen，1996），CEO或CFO的高变更率

① 在本书的文献回顾部分，若未作特别说明，审计师变更是指会计师事务所变更。

（Menon and Williams，2008），管理层结构变化、公司管理层或实际控制人变更（Woo and Koh，2001；Turner、Williams and Weirich，2005；Grothe and Weinch，2007）和管理层对代理冲突的预期（DeFond，1992）是影响其是否变更会计师事务所的主要因素。Jun Lin and Ming Liu（2009）针对中国审计市场环境下的研究表明，当公司治理水平较低时，改聘小规模会计师事务所的可能性更大。

（3）审计费用与诉讼风险。Bedingfield and Loeb（1974）是最早对审计费用与会计师事务所变更的相关关系进行研究的，他们的研究结果显示，部分公司为降低审计费用而改聘小规模会计师事务所，即审计费用过高会引起会计师事务所变更；Kanodia and Mukherji（1995）、Beanie and Fearnley（1995）、Roberts、Glezen and Jones（1990）和Butterworth and Houghton（1995）取得了类似的研究结果。而Bockus and Gigler（1998）、Krishnan（1997）、DeFond and Subramanyam（1998）、Dye（1991）和Menon and Williams（1999）的研究结果则表明审计师的辞聘决策是出于降低诉讼风险的考虑；Shu（2000）、Bockus and Gigler（1998）和Hackenbrack and Hogan（2002）则在诉讼风险假说基础上提出了调整客户组合假说，其研究结果显示，诉讼风险假说和调整客户组合假说对审计师的辞聘均具有解释力。

2.1.2　会计师事务所变更的经济后果

上市公司变更会计师事务所意味着在审计服务需求方（上市公司）与审计业务供给方（会计师事务所）之间审计业务委托关系的解除与重建，这一重要经济行为会反映或者暗示双方在审计调整、审计意见类型或审计费用谈判等多方面的信息，这还可能引起市场投资者的反应。总之，会计师事务所变更事项产生的经济后果是多方面的，下面将分别从审计质量、审计意见、审计费用及市场反应等方面对国外研究文献予以梳理。

（1）审计质量。关于会计师事务所变更和审计质量的相关关系研究大致始于20世纪80年代，诸多学者分别基于应计质量、审计独立性等视角，分析会计师事务所变更对审计质量的影响，由于研究方法或研究样本的差异性，学者研究观点众多且结论不一。

首先，基于上市公司应计质量的视角检验会计师事务所变更对审计质量的影响是国外学者研究的焦点之一，研究方法甚多且结论不大相同，主要可归集为两种：一是上市公司变更会计师事务所之后，盈余管理幅度上升，应计质量下降；二是上市公司变更会计师事务所之后，盈余管理幅度没有上升，应计质量没有下降。其中，经过理论分析和实证检验，支持第一种结论的文献较多。例如DeFond and Subramanyam（1998）以应计质量为审计质量的替代指标进行检验，发现公司变更会计师事务所之后，利用自主性应计项目调减收益的显著性下降；Mangold（1988）研究发现经营业绩较差的上市公司，变更会计师事务所的可能性较大，而且在变更后其业绩提高比预期要好；Woo and Koh（2001）利用新加坡证券市场数据，也发现会计师事务所变更与收入操纵的概率有关。然而，Davidson，Jiraporn and Dadalt（2006）通过分析会计师事务所变更与公司盈余管理之间的关系，结果发现上市公司盈余管理并不是会计师事务所变更的最主要诱因，而且会计师事务所变更之后，盈余管理程度并不一定增加，但从“六大”变更为“非六大”的公司的盈余管理程度高于其他形式变更的公司。

其次，国外很多学者采用审计独立性作为审计质量的替代指标，检验会计师事务所变更后审计质量的变化情况，研究结论主要有两种：一是上市公司更换会计师事务所之后，继任会计师事务所和注册会计师能够恪守职业原则，保持应有的独立性；二是上市公司更换会计师事务所之后，继任会计师事务所和注册会计师的独立性受到一定程度的损害。例如Chow and Rice（1982）发现会计师事务所变更并未明显改善审计意见，即继任注册会计师能够保持应有的独立性；Teoh（1992）通过建立数学模型进行分析，也发现会计师事务所变更后，注册会计师能否恪守法规、保持独立性与其出具的审计意见息息相关；DeFond（1992）以注册会计师独立性等作为审计质量的替代指标，以财务杠杆、短期应计项目数额等作为代理冲突的替代指标，研究发现会计师事务所变更前后审计质量会受到代理冲突变化的影响；Krishnan and Stephens（1996）比较了变更会计师事务所的公司前后任注册会计师的报告决策行为，发现继任注册会计师的独立性并没有受到影响，反而表现得更加稳健；而Lennox（2000）建立了审计意见估计模型，假定当被审计单位不变更会计师事务所时，对其可能收到的审计意见类型做出合理推测和估计，结果发现在相反的决策下，被审计单位可能收到的意见相对较差，这说明继任注册会计师的独立性受到一定影响。

（2）审计意见。目前，关于会计师事务所变更与审计意见之间关系的相关研究结论主要有两种：一种是会计师事务所变更并未明显改善审计意见，表明审计师并未因为可能的变更而有所屈服，没有迎合被审计单位“审计意见购买”的目的（Smith，1986；Krishnan and Stephens，1996）；另一种是上市公司能够通过会计师事务所变更行为实现“审计意见购买”的目的，如Lennox（2000）认为检验审计意见购买行为，可比的基础不是上年的审计意见，而是上市公司在采取与实际变更决策相反的决策下可能收到的审计意见，因此，他构建了审计意见估计模型，对上市公司在分别采取实际决策和相反决策的情况下，被出具某种类型审计意见的概率进行估计，然后构建审计意见购买变量，分析上市公司的审计意见购买行为，研究结论表明：虽然会计师事务所变更之后未能显著地改善审计意见，但倘若上市公司在采取相反决策的情况下，收到“不清洁”审计意见的可能性相对更大，即会计师事务所变更行为对继任会计师事务所及签字注册会计师的独立性造成了一定程度的影响。

（3）审计费用。审计费用是指在审计服务需求方对审计服务供给方提供审计服务的过程中付出成本的偿付价格。审计费用的高低受审计成本、预期损失风险、会计师事务所规模或声誉、审计市场集中度等多种因素影响。一般而言，变更前后，会计师事务所规模、签字注册会计师专业胜任能力都可能存在一定的差异，这将使得变更前后的审计费用有所变化。目前，国外学者对会计师事务所变更与审计费用之间关系的研究取得了较为丰硕的成果，但观点不一，归纳起来有三种：一是上市公司发生变更行为后，审计费用上升。例如Deangelo（1981）认为变更过程使得客户和审计师都要负担大量的变更成本和初始成本。其中，变更行为造成前任会计师事务所的专用性资产的浪费，新任审计师需要重新熟悉客户的情况，这将增加审计成本（Paul and Abhijit，2010）。也有学者指出在变更过程中超额支付的费用是审计委员会需求更多的审计服务（Simunic，1996）。二是上市公司的变更行为导致审计费用下降。Craswell and Francis（1999）研究发现审计费用折扣现象存在于同级别或升级式的会计师事务所变更过程中。三是变更行为与审计费用之间不存在明显的线性关系（Francis，1984）。Dye（1991）假定客户具有较强的议价能力，能够限制其审计费用不超过成本，即不存在审计费用溢价或首次审计费用折扣现象。

（4）市场反应。Fried and Sehiff（1981）认为会计师事务所变更所产生的市场反应都是负的，其研究结果也确实发现，在会计师事务所变更公布日附近市场做出一定程度的负反应。然而，Nichols and Smith（1983）的市场模型理论研究结果显示，由非“八大”变为“八大”会产生正的市场反应，反之为负，但两者之间的差异并不显著；Schwertz and Soo（1996）研究了财务报告和审计报告披露延迟与会计师事务所变更时点之间的关系，结果显示会计师事务所变更是报告延迟的决定因素之一，但并未发现会计师事务所变更越早（晚），产生的市场反应越好（差）。Teoh（1992）通过建立数学模型对不同变更方式的市场反应进行了分析，认为市场对不同变更方式理应有不同反应；Hackenbrack and Hogan（2002）则对不同类型的会计师事务所变更的市场反应予以实证检验，并得出市场对不同类型的变更有不同反应的结论。

2.2 国内文献

在国内文献研究中，关于会计师事务所变更问题的相关研究起步较晚，但学者的研究视角众多且结论不一。为了便于文献梳理，本书下面分别从会计师事务所变更的动因分析和会计师事务所变更的经济后果两个层面展开文献评述。

2.2.1 会计师事务所变更的动因分析

国内关于会计师事务所变更动因的文献研究大都出现于2000年之后，研究视角主要集中在公司财务状况或治理机制、审计意见分歧或购买、审计费用及诉讼风险等方面。

（1）公司财务状况。已有研究表明，处于财务困境的公司发生会计师事务所变更的概率更高（董惠萍、马晶，2010）；而且，财务困境公司变更会计师事务所的真正动机很可能是对上期审计意见不满、蓄意降低审计费用以及与会计师事务所存在分歧，即财务困境公司变更会计师事务所传递着一些公司存在不良动机的信号（吴粒、杨雅楠，2007）。也有研究认为，ST、PT类公司比非ST、非PT类公司更容易变更会计师事务所（耿建新、杨鹤，2001）；经营业绩较差的公司更可能变更会计师事务所（白宪生，2010）。但是，涂国前（2008）认为财务困境变量对会计师事务所变更并没有显著的解释能力；晋超、田治威（2007）也未发现ST类公司更容易发生变更会计师事务所的行为。

（2）公司治理方面。曾颖、叶康涛（2003）研究发现，代理成本较高的上市公司倾向于聘请高资质的会计师事务所，且债务融资与外部审计在降低代理成本方面具有相互替代性；李明辉（2007）研究结论表明，建立在英美条件下的代理理论对我国会计师事务所选择行为的解释力并不强；李爽、吴溪（2001）也提出控股股东或管理层变更为进一步研究会计师事务所变更的影响因素提供了有利线索。吴溪（2002）的研究发现公司的规模越大，在变更会计师事务所时越有可能选择大型会计师事务所；李爽、薛祖云（2005）研究发现董事会的独立性、专业性以及公司被ST和收到非标意见与会计师事务所的解聘行为显著相关；夏文贤、陈汉文（2006）、晋超和田治威（2007）与王雄元、张士成和高伟（2008）的研究表明审计委员会的存在有助于减少会计师事务所的变更行为；杨彩娜（2009）的研究则表明审计委员会的设立并没有降低会计师事务所被解聘的概率，但第一大股东持股比例和股东制衡能力对会计师事务所变更有显著影响。朱小平、郭志英（2007）研究发现上市公司最终控制人的类型、董事会在报告期内开会的次数、股权均衡度和上市公司是否建立审计委员会显著地影响了上市公司更换会计师事务所的决策，而监事会和独立董事制度与会计师事务所更换决策不相关；王艳艳、廖义刚（2009）研究发现大股东掏空行为与上市公司由大所向小所变更之间呈正相关关系。

（3）审计意见分歧或意见购买。在审计意见这一视角，国内诸多学者认为前一年度的“不清洁”审计意见是导致会计师事务所变更的重要原因

（如李东平、黄德华和王振林，2001；石绍炳，2008；沈红波，2007；沈红波、王布衣，2008）。非标意见和审计师过于稳健（陈武朝、张泓，2004），审计意见与可操控性应计利润空间（张学谦、周雪，2007），财务困境公司的上期审计意见类型、上期审计费用及盈余管理以及财务困境公司的经营风险及财务风险（吴粒、杨雅楠，2007；董惠萍、马晶，2010）和财务能力较差的公司或者上一年被出具非标意见的公司（吴锡皓、曹智学和祝孝明，2009）都可能导致会计师事务所变更。然而，黄微平（2007）则从年报违规公司角度对会计师事务所变更问题进行分析得出会计师事务所变更存在阶段性差异的结论。

（4）审计费用和诉讼风险。王振林（2002）的研究结果显示会计师事务所变更与审计费用关系显著。张铁铸（2003）则认为没有明显的证据表明上市公司存在因收费太高而变更会计师事务所的行为；张继勋、徐奕（2005）的研究结果表明审计费用与会计师事务所变更之间的关系会随年度而变化，这可能与国家宏观政策有关。王李（2010）的研究也显示诉讼风险假说和调整客户组合假说对会计师事务所退出高风险客户均具有解释力。

（5）经济利益驱动。熊建益（1999）认为上市公司管理层的利益驱动、低审计费用的要求或公司人员变动等因素是上市公司变更会计师事务所的原因；其他研究认为收买会计政策（耿建新、杨鹤，2001），盈余管理的需要（王军威，2003；邓小洋、章莹莹，2005），自愿性会计政策变更程度（刘斌、彭凌，2005），管理层期望扭亏为盈或改变现状（王春飞，2006；张学谦、周雪，2007），此类种种经济利益驱动很可能是公司变更会计师事务所的重要动机或主要原因之一。陈樱（2007）通过构建管理层与会计师事务所的博弈模型分析可能影响其行为决策的因素，结果发现只要管理层存在对利益强烈的渴望，它就不会放弃任何可能的机会，这也许就是会计师事务所变更频繁的原因。

（6）审计市场特征。杨继飞（2007）认为我国审计市场的集中度过低以及不正常的会计师事务所变更所形成的恶性循环是会计师事务所变更的主要原因；木云生和李宏达（2010）则认为上市公司与会计师事务所的审计关系失衡是会计师事务所变更居高不下的真实原因；而其他学者认为市场化进程（聂慧敏，2009），法律保护程度（陈冬、陈平和唐建新，2009），地方保护主义（余玉苗，1999；熊建益，2000；耿建新，2001；耿建新、杨鹤，2001；王军威，2003）和是否同属地域（沈红波、王布衣，2008；王合喜、胡伟和康自强，2004）对会计师事务所的变更均有影响。

2.2.2 会计师事务所变更的经济后果

关于会计师事务所变更事项产生的经济后果，国内学者的研究视角与研究方法也是多元化的，主要体现在审计质量、审计意见、审计费用及市场反应等方面，下面分别予以梳理和评述。

（1）审计质量。国内学者关于会计师事务所变更与审计质量的相关性研究起步较晚，但研究方法众多且结论不一。

首先，基于应计质量视角对会计师事务所变更与审计质量的相关关系进行研究是国内学者的主流研究方法之一，研究结论主要有三种：一是上市公司更换会计师事务所之后，应计质量水平下降。例如，刘伟和刘星（2006）基于我国2001—2003年间A股上市公司数据，研究发现会计师事务所变更后，公司的可操纵应计利润额显著增长，即继任签字注册会计师的独立性会受到会计师事务所变更的影响，上市公司通过这一途径来达到盈余管理的目的。二是上市公司更换会计师事务所之后，应计质量水平并未下降。例如，陈武朝和张泓（2004）采用修正后的琼斯模型来估计1997—2002年间所有发生会计师事务所变更的上市公司的可操控性应计利润，结果发现继任注册会计师于变更后的第1年在盈余管理方面与被审计单位没有严重合谋行为，盈余质量水平并没有显著下降；又如，储一昀和王妍玲（2007）选取深圳华鹏会计师事务所和中天勤会计师事务所提供审计业务的上市公司为观察样本组，并依据公司所处行业及规模等标准选择相应对照样本组，研究发现观察样本组公司与对照样本组公司相比，前者的可操纵性应计额及其变化额都显著低于后者，即应计质量并未下降；类似的，王合喜等（2004）选取2000—2002年发生会计师事务所变更的上市公司数据为研究样本，采用定性分析和定量分析相结合的研究方法，研究发现会计师事务所变更并不一定会导致审计质量下降。三是会计师事务所变更与审计质量之间的关系还受其他因素影响。例如，赵劼和钱程（2008）研究认为，会计师事务所变更与审计质量之间的相关关系受变更时机选择的影响，会计师事务所变更越早，审计质量越高，否则越低。

其次，国内部分学者基于审计独立性视角对会计师事务所变更与审计质量之间的相关关系进行研究，研究结论主要有两种：一是上市公司在更换会计师事务所之后，继任注册会计师的独立性下降；二是会计师事务所变更对继任注册会计师的独立性产生的影响在不同年度有所差异。例如，邓小洋、章莹莹（2005）认为上市公司出于盈余管理动机，很可能会对会计师事务所施加压力，如解聘威胁等方式，这将会影响注册会计师的独立性；王芸、林君芬（2007）研究发现更换会计师事务所的上市公司所收到的审计意见明显较好，换言之，会计师事务所变更行为会对审计独立性产生影响；唐跃军（2009）、张秀梅和杨艳（2009）经过实证检验，也得到类似的结论。与之不同的是，杜兴强、郭剑花（2008）的研究表明，会计师事务所变更行为对审计独立性的作用效果在不同年度存在着一定的差异，不能一概而论。

（2）审计意见。国内关于会计师事务所变更与审计意见的相关关系的研究，结论也不一致。有人认为上市公司变更会计师事务所后，其标准意见显著多于非标意见（耿建新、杨鹤，2001）；有降低审计意见严重程度的嫌疑（吴粒、杨丰嘉，2004）；规避了非标意见（温国山、丁朝霞，2007）；后续审计意见有显著的改善（陆正飞、童盼，2003；黄崑、张立民，2010）；影响了继任会计师事务所的独立性，实现了意见购买（邓小洋、章莹莹，2005；王芸、林君芬，2007；唐跃军，2009；张秀梅、杨艳，2009）。但也有学者认为，对前期非标审计意见的公司，审计师采取了较为谨慎的做法，且伴随着监管政策的逐渐强化，后任审计师的独立性逐年提高（刘伟和刘星，2007）。此外，也有人认为没有显著的证据支持上市公司通过更换审计师实现了购买审计意见的假设（于雳和马施，2009），或者说这种变更并不能显著改善审计意见（吴溪，2001；李爽和吴溪，2002；吴联生和谭力，2005）；甚至有可能反向加重审计意见的趋势（王春飞，2006），或促使上市公司采用了更稳健的会计政策（储一昀和王妍玲，2007）。但陈武朝和张泓（2004）与杜兴强和郭剑花（2008）

的研究则表明，购买审计意见的效果在不同年度存在着一定的差异。简言之，上市公司变更会计师事务所之后，审计意见的变化情况可能有三：有所改善、没有改善和不确定。

（3）审计费用。众所周知，审计费用的高低是上市公司选聘会计师事务所的一项重要标准。由此，会计师事务所变更与审计费用之间的关系成了会计学界关注的热点话题，获得的研究结论主要有三种：一是会计师事务所变更会导致审计费用的增加。这是因为，会计师事务所发生变更之后，继任的会计师事务所及注册会计师需要对“新客户”进行全面了解而增加信息搜寻成本，而且对“新客户”的不熟悉会增加审计风险，出于对审计风险的防范，继任会计师事务所会要求更高的审计费用标准（刘成立，2012）；也有学者认为，在会计师事务所变更过程中超额支付的费用是对审计意见的购买（唐跃军，2007）。二是会计师事务所变更会导致审计费用下降。例如，王振林（2002）指出会计师事务所的“低价揽客”行为使其对客户的首次审计服务收费要低于后续年度；尤其是当上市公司财务状况恶化、支付能力下降时，会计师事务所变更后的审计费用会显著下降（耿建新、刘圆圆，2009）。三是会计师事务所变更与审计费用之间不存在显著的相关关系。例如，张继勋和徐奕（2005）认为，审计费用与会计师事务所变更之间的关系会随年度而变化；会计师事务所变更之后，审计费用可能上升也可能下降（张立民、黄旸杨，2004；宋衍蘅、殷德全，2005）；假定客户具有较强的议价能力，能够限制审计费用不超过成本时，即不存在费用溢价过高或首次审计费用折扣现象；张铁铸（2003）、韩洪灵和陈汉文（2007）等研究结论均支持这一观点，即会计师事务所变更不一定会导致审计费用的显著上升或者下降。

（4）市场反应。会计师事务所变更的市场反应取决于市场的有效性（谢香兵，2009）。有的实证研究结果表明市场对于不同原因的会计师事务所变更事项产生的反应存在差异，判定会计师事务所变更为好消息的反应显著大于坏消息的反应，不同类型的会计师事务所变更会影响公司的价值（王桦，2007）；也有研究结果显示变更会计师事务所的上市公司为信息使用者提供了“利好消息”（白宪生，2010）；李爽等（2001）研究则显示，在会计师事务所变更信息的两个公告日（股东大会决议公告日和董事会公告日）中，会计师事务所变更事件信息披露不具有任何信息增量，总体上未产生显著的市场反应，他们认为这可能缘于当时的信息披露制度所能提供的会计师事务所变更信息有用性不够，或者信息使用者对此事件的关注程度及理解能力较弱，即会计师事务所变更事件总体上并未造成显著的市场投资者反应。但王艳艳、廖义刚（2009）发现发生会计师事务所变更事项的公司，市场价值显著低于未发生变更的公司。此外，范珍珍（2010）研究则发现会计师事务所变更事项在客观上提高了医药行业审计市场的客户集中程度，即会计师事务所变更事项还可能会导致特殊的市场反应。

2.3 文献评述

自 Burton and Roberts（1967）开启了会计师事务所变更问题研究领域的大门，国内外诸多学者结合各国家或地区的审计市场环境及制度背景，立足于公司自身特征、审计费用谈判、审计意见购买等视角对会计师事务所变更行为的动因进行分析；同时，针对会计师事务所变更事项对审计质量、审计费用及审计意见类型等产生的影响、市场投资者对此事项做出的反应等问题，展开了一系列的理论分析与实证研究，并取得了丰富的研究成果。总之，针对会计师事务所变更问题特别是变更原因与后果的研究特别多，研究结论也不尽相同。

具体地，会计师事务所变更的诱致因素众多，在我国上市公司年报中也会披露有关变更原因方面的信息，但绝大多数信息含量不高，可信度也值得怀疑，因此这种披露并不能传递事务所变更的真实原因（木云生、李宏达，2010）。而且，诸多学者认为，上市公司披露的会计师事务所变更的原因并不可靠，很可能是为了掩盖审计意见分歧等实质原因的借口。同时，国内外学者关于会计师事务所变更与审计质量、审计费用等相关性的研究结果也大不相同，这也许是会计师事务所变更对审计质量、审计费用等产生的影响程度与公司的治理结构、更换会计师事务所的时机选择等存在严密关系，而不是单纯的正或负相关关系（王宏宇、宋艳，2009）。所以，很有必要从别的角度对这一问题予以研究。刘启亮和唐建新

(2009)、Chen, Su and Wu (2009) 从签字注册会计师个体的视角，对会计师事务所变更问题的拓展研究为本研究提供了有益提示。

的确，以往关于审计师变更问题的文献研究大都是以会计师事务所为主体来展开理论分析与实证检验的，很少能同时考虑签字注册会计师个体情况这一重要因素，这可能是造成结论差异化的主要原因之一。因为，在会计师事务所变更行为过程中所体现的会计师事务所与客户之间的主体关系，实际上必须具象到人与人之间的个人关系，即签字注册会计师与客户管理层之间的关系，这一个人关系在客户的审计师变更决策中起着不可忽视的作用。尤其值得注意的是，在众多审计师变更案例中，有为数不少的上市公司追随为其提供审计服务的签字注册会计师跳槽，即客户改聘的新任会计师事务所就是原签字注册会计师跳槽之后就职的“新东家”，这种“客随师走”的行为便引致了换“所”不换“师”的现象，这一现象的特殊性就在于：表象上已经发生了会计师事务所变更，实质上签字注册会计师并未发生变更。这种特殊且目前相关政策规定尚未明确涉及的变更方式，很可能是客户与审计师在合规范围内进行“合谋”的一种体现，故其必然承载着独特的信息寓意，既有其独特的诱致动因，又会产生特定的经济后果。因此，在基于会计师事务所主体层次对审计师变更问题进行分析的同时，基于签字注册会计师个体流动情况进行的相关研究，理应能够更加直观且充分地反映审计师变更行为所承载的信息含量。总而言之，基于签字注册会计师流动这一视角对会计师事务所变更问题的拓展研究，将有助于市场参与者更好地解读注册会计师变更行为及其经济后果，对完善会计师事务所变更的监督机制、提高注册会计师执业行为的规范化程度、提高审计行业的服务水平等，都有着重要的理论价值与实践意义。

第 3 章

换"所"不换"师"式变更的行为机理研究

3.1 引言

自20世纪60年代以来，会计师事务所变更问题一直是学术界、市场监管部门和社会公众关注的热点。众所周知，会计师事务所作为"上市公司财务报表——会计师事务所——财务报表使用者"这一链条的中间桥梁，在保护股东及债权人利益等发面发挥着重要作用。然而，这一桥梁的变化，如签字注册会计师从一家会计师事务所跳槽到另一家会计师事务所，或从私人执业领域流动到其他领域以及会计师事务所为适应不断增长的经济要求而进行重组等，其背后都暗含着不同的诱因，代表了不同利益主体之间的沟通与协调，并由此产生了一系列的道德、实践和经济后果。

有趣的是，在对我国上市公司的会计师事务所变更行为进行深入观察后，我们可以发现，当签字注册会计师因所在的会计师事务所解散而到其他会计师事务所工作，或直接跳槽到其他会计师事务所时，签字注册会计师能够带走原有审计客户并继续对该客户进行审计，形成了"换'所'不换'师'"的特有现象。近年来，这种被审计客户随签字注册会计师流动的"共进退"现象在我国审计市场上时有发生。例如，刘峰等（2002）在分析原中天勤会计师事务所被撤销之后原来由其审计的63家上市公司客户的走向时，发现在这些上市公司中与两位签字注册会计师中的任意一位选择同一家会计师事务所的共有21家，这表明上市公司与签字注册会计师去向选择的“巧合”比例较高。又如，王英姿、陈信元（2004）在分析安永大华会计师事务所合并前后的客户构成变化时，也发现部分客户跟随签字注册会计师跳槽而相应变更会计师事务所。总之，签字注册会计师在不同会计师事务所之间的流动，不仅是签字注册会计师和会计师事务所之间的内部问题，更是与被审计单位、整个审计行业，乃至整个资本市场息息相关的外部问题。

然而遗憾的是，签字注册会计师流动并带走客户这一特殊的会计师事务所变更现象并没有引起会计学者及会计实务工作者的足够重视。鉴于此，本章着眼于这一特殊的会计师事务所变更现象，基于签字注册会计师个体流动的视角，探究客户追随签字注册会计师跳槽而引致的换“所”不换“师”式变更现象的潜在诱因，从客户资源控制权、人际关系驱动及审计意见需求等角度分析“客随师走”的行为动机，以及这一行为所承载的特殊增量信息及其蕴蓄的“超工具性”人际关系。然后，借鉴人际关系理论中的人情法则模式，剖析换“所”不换“师”式变更行为背后的“人情补偿”机制的权衡与选择，理论探讨换“所”不换“师”式变更对审计质量、审计意见与审计费用等可能产生的特定影响，为后续的实证研究打下坚实的理论基础。

3.2　换“所”不换“师”式变更的形成机理分析

换“所”不换“师”现象，是如何形成的？欲解读这一问题，需先厘清当签字注册会计师发生流动时，上市公司与其聘请的会计师事务所及签字注册会计师之间的审计业务委托关系的动态变化，以及携客户“同步流动”的签字注册会计师在会计师事务所变更当年及后续年度的审计签字情况。

3.2.1　审计业务委托关系的动态变化

当签字注册会计师发生流动时，审计业务委托关系的动态变化如图

3-1所示。

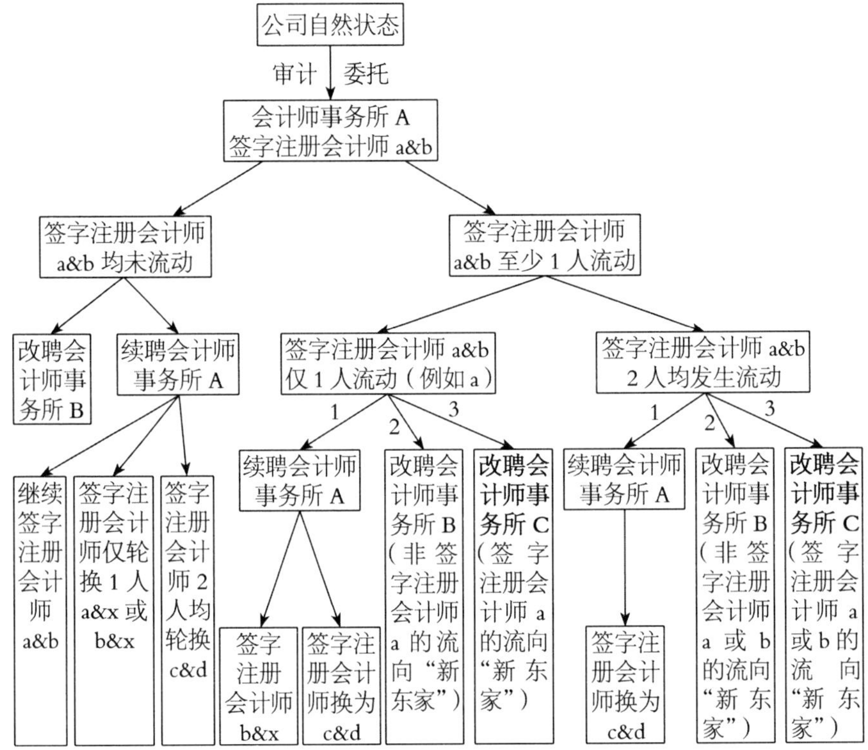

图3-1　审计委托关系动态决策图

在此需要补充说明的是，对于第三种决策方案“客随师走”，可分为仅1位签字注册会计师流动和2位签字注册会计师均流动的两种形成条件。当仅1位签字注册会计师流动时，客户追随该位签字注册会计师流动并改聘其“新东家”，若该签字注册会计师在变更当年及后续年度继续审计签字，则“客户管理层——签字注册会计师”之间的人际关系依然维系着，此时属于“异常聘任”关系。当2位签字注册会计师均发生流动时，存在两种情形：一是2人的流向一致，均流动到同一家新会计师事务所，客户追随2位签字注册会计师同步流动并改聘其“新东家”，若在变更当年及后续年度至少其中1位签字注册会计师继续审计签字，则“客户管理层——签字注册会计师”之间的人际关系依然维系着，此时属于“异常聘任”关系；二是2人的流向不一致，客户追随其中1位签字注册会计师同步流动并改聘其“新东家”，若该签字注册会计师在变更当年及后续年度继续审计签字，则"客户管理层——签字注册会计师"之间的人际关系依然维系着，此时亦属于"异常聘任"关系。

总而言之，无论是仅1位签字注册会计师流动，还是2位签字注册会计师均流动（无论他们流向的"新东家"是否一致），只要客户追随其中至少1位签字注册会计师同步流动并改聘其"新东家"，而且该签字注册会计师在会计师事务所变更当年或后续会计年度继续审计签字，则"客户管理层——签字注册会计师"之间的人际关系就是持续存在的，而且这种人际关系可能超出一般的"工具性"关系，此时的审计业务聘任关系则属于"异常聘任"关系。简言之，这种特殊形式的会计师事务所变更及其反映的特殊人际关系必然承载着特定的信息含量，这也是本研究考察的重点所在。

3.2.2　注册会计师审计签字决策分析

注册会计师审计签字决策树如图3-2所示。

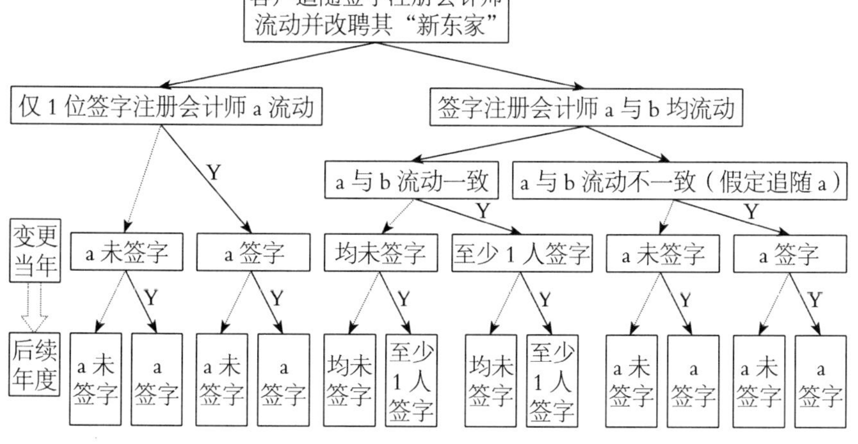

图3-2　注册会计师审计签字决策树

根据图3-2所示，在"客随师走"的情况下，无论是仅1位签字注册会计师流动（客户追随该人流动），还是2位签字注册会计师均流动（无论2人流向的"新东家"是否一致，客户至少追随其中1人流动），携客户"同步流动"并导致客户变更会计师事务所的签字注册会计师，在会计师事务所变更当年及后续会计年度的审计签字决策情况有四种：一是携客户

“同步流动”的签字注册会计师在变更当年及其后续年度都没有再签字；二是携客户“同步流动”的签字注册会计师在变更当年没有签字，而在后续会计年度审计签字，但不排除他事实上在会计师事务所变更当年也参与了该客户的具体审计工作，而且他与客户管理层之间很可能保持着特殊的“超工具性”人际关系；三是携客户“同步流动”的签字注册会计师在变更当年及其后续年度持续对该客户进行审计并在审计报告中签字，即直接形成换“所”不换“师”的变更现象；四是携客户“同步流动”的签字注册会计师在变更当年继续审计签字，而在后续年度没有继续签字，此时至少在会计师事务所变更当年存在换“所”不换“师”式变更现象。据本研究的初步统计数据显示，第三、四种情况较多，其次是第二种情况，第一种情况相对较少，其原因很可能是第一种情况最不利于“客户管理层—签字注册会计师”关系的边际效用发挥。故而，本研究重点关注的也是第二、三、四种情况。

需要特别说明的是，无论是仅1位签字注册会计师流动，还是2位签字注册会计师均流动，只要是客户至少追随其中1人流动，就符合“客随师走”的条件；进一步说，在会计师事务所变更当年，只要是携客户“同步流动”的签字注册会计师继续审计签字，就符合换“所”不换“师”式变更的条件。那么，为了研究问题的针对性以及研究思路的明晰性，在本书研究中，并不致力于区分考虑一位或两位签字注册会计师流动，而是重点考察签字注册会计师携客户“同步流动”之后继续审计签字并形成换“所”不换“师”式变更的特殊现象（即在图3-2中标注“Y”的情况）。

3.3 换“所”不换“师”式变更的动因分析

直观地看，当签字注册会计师发生流动时，被审计客户的管理层选择继续聘任原会计师事务所（即在图3-1中标注“1”的第一种决策），而不是追随签字注册会计师“共进退”，其原因可能是客户资源控制权掌握在会计师事务所手中，而非签字注册会计师手中（王少飞等，2010）；也有可能是签字注册会计师掌握此客户资源的控制权但其发生流动之后就职的“新东家”不具备证券资格，客户虽有“追随之心”，会计师却无“带走之力”；还有一种可能是签字注册会计师跳离审计行业，比如进入上市公司担任财务主管或董事等职务。类似地，客户管理层选择改聘另外一家与原会计师事务所及签字注册会计师均无直接关联的继任会计师事务所（即在图3-1中标注“2”的第二种决策），其原因也有可能是原签字注册会计师跳离注册会计师审计行业或其任职的“新东家”不具备上市公司审计业务资格，亦有可能是原会计师事务所及会计师均未完全掌握此客户资源的控制权而导致客户流失。

事实上，无论被审计客户管理层是选择图3-1中的第一种决策还是第二种决策，[①]皆是一般意义上的审计轮换。而且，这种一般意义上的审计轮换方式所呈现出来的“客户—会计师事务所”之间的主体关系及“客户管理层—签字注册会计师”之间的人际关系都隶属于正常的审计聘任关系范畴，通常体现了形式上和实质上的审计师变更。然而，客户管理层的第三种决策行为——“客随师走”，仅仅是会计师事务所形式上发生了变更，而具体执行审计业务工作且最终在审计报告中签字的注册会计师没有发生本质变更。如此一来，“客随师走”便呈现出一种异常的审计聘任关系，而且这种异常聘任关系也在一定程度上反映了客户管理层与签字注册会计师之间的超出普通的“工具性”关系的特殊人际关系，这一特殊人际关系很可能会对审计独立性及审计质量产生不利影响（刘峰等，2002；刘启亮等，2009）。那么，究竟是何原因诱使客户管理层选择第三种决策——“客随师走”？在何种情况下，客户管理层更有可能选择追随签字注册会计师“共进退”呢？这其中的原因可能是多方面的，下面拟结合经济学相关理论及社会学中的人际关系理论，从客户资源控制权、个人关系驱动、审计意见需求及交易成本等角度对该问题进行深入探讨。

3.3.1　客户资源控制权

客户资源作为会计师事务所最重要的资产之一，与会计师事务所人力、物力、财力等投入及审计产品输出都是息息相关的，更是签字注册会计师赖以生存的“饭碗”。故而，客户资源控制权的归属便成为一个重要

① 具体地，客户管理层选择第一种决策即会计师事务所内部的签字注册会计师的轮换，客户管理层选择第二种决策即会计师事务所之间的轮换。

问题。通常，客户资源控制权归属于会计师事务所（主体）或者签字注册会计师（个体），也有可能二者均未掌握客户资源的实质控制权。客户资源控制权的归属取决于会计师事务所质量控制及配合度、签字注册会计师与客户管理层的配合度、客户满意度、审计投入的资产专用性、审计委托双方主体关系、审计业务中的个人关系等多方面因素（如图3-3所示）。也有学者认为，签字注册会计师在审计过程中的努力及表现对客户续聘决策的作用程度是决定客户资源控制权归属的主要因素（王少飞等，2010）。如此，签字注册会计师流动并带走客户而形成的换“所”不换“师”现象便引出了一个重要问题：客户资源的控制权是归签字注册会计师个人所有，还是归会计师事务所主体所有？这是解读“客随师走”现象的关键因素之一。

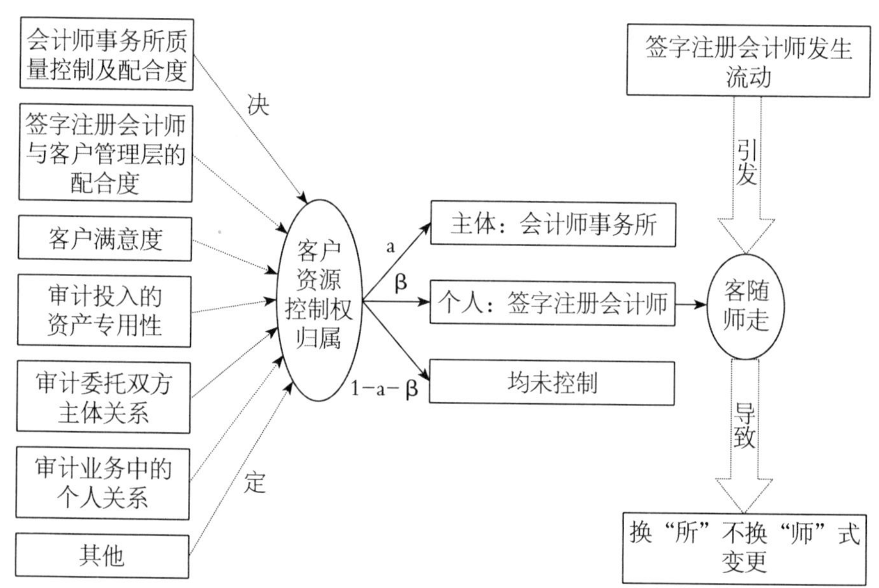

图3-3 客户资源控制权归属

具体而言，在签字注册会计师发生流动的情况下，当会计师事务所无法肯定客户是否会续聘本所而签字注册会计师的个人行为对此决策具有显著影响时，客户资源控制权很可能归属于签字注册会计师（$0<\beta\leq1$）；相反，当会计师事务所很肯定客户会续聘本所而签字注册会计师的个人行为对此决策无影响或影响甚微时，客户资源控制权很可能归属于会计师事务

所（0<a≤1）。纵然在审计实务中，签字注册会计师个人在具体审计工作中的努力程度及综合表现很难运用统一且直观的标准去核实和衡量，而且客户是否续聘会计师事务所在很大程度上与签字注册会计师的“配合”度、客户满意度以及“客户管理层—签字注册会计师”之间个人关系的密切程度是息息相关的，但是客户管理层与签字注册会计师之间的业务合作及个人关系作为一种资产专有性投资，通过双方长时间谈判、协调及沟通过程逐渐达成了双边垄断关系（薛爽等，2013），这里面既包含了签字注册会计师在初始审计阶段的高额启动成本（start-up cost），又包含了客户为获取合理的审计意见而付出的高额审计支持成本（support-cost）。无论是这种“个人关系”投资，还是与该客户“特定相关”的审计成本支出，都很难通过市场交易实现“转嫁”或者“继承”，即这些特定的投资或支出具有很强的“专有性”。

根据Klein et al.（1978）描述的资产专有性（asset-specific）相关理论可知，当资产的专有性越强，所带来的可挤占准租金越多，由共同的或者联合的所有权所形成的一体化联盟的可能性越大。就注册会计师审计而言，签字注册会计师和客户之间相互进行专有性投资的直接结果就是“双边绑定”，签字注册会计师会努力“留住”客户以增加个人绩效考核和职位晋升的砝码，客户则期望持续获得对公司有利的审计意见，由此就产生了牵制彼此的准租金，而在无法纵向一体化（vertical integration）合并时，就实现了另一种意义的整合——签字注册会计师拥有实质上的客户资源控制权（王少飞等，2010）。简言之，基于签字注册会计师的“个人努力”及其与客户之间的“个人关系”而形成的、与资产专有性相关的可挤占准租金越多，签字注册会计师个人对客户是否续聘会计师事务所的决策产生的作用力就越大，客户资源控制权就越可能归属于签字注册会计师个人，即β趋近于1。而且，针对我国会计师事务所的调查研究也表明：在绝大多数情况下，客户资源控制权掌握在签字注册会计师手中（陈波，2011）。因此，当签字注册会计师发生流动时，客户管理层追随其流动并改聘其“新东家”的现象也就顺理成章了。

3.3.2 个人关系驱动

在任何社会中，关系性都是十分重要的因素，"因为社会必须定位为一种关系"。[①]Mayo在20世纪初提出了"人际关系理论"，认为人们在现实生活中是以"社会人"存在，而不是单纯的"经济人"，人与人在交往过程中所建立的社会关系会影响到人们生活的各方面，包括工作、学习、心理及行为决策等。

我国是一个关系本位的国家，个人关系在人们的社会生活中发挥着重要作用（王晓玉和晁钢令，2007）。梁漱溟（1989）在论述东西方社会文化对比时甚至提到："……西方人极重于对社会的道德，就是公德，而中国人差不多不讲，所讲的都是这个人对那个人的道德，就是私德。譬如西方人所说对于家庭怎样，对社会怎样，对国家怎样，对世界怎样，都是他的生活不单是这个人对那个人的关系而重在个人对社会大家的关系，而中国人，都是他的生活单是这个人对那个人的关系，没有个人对社会大家的关系……"。[②]可见，在中国社会中，关系是需要一一对应的，而且这种关系既反映在社会结构上，又包含着人生的行为取向、认知情感、价值观念。那么，欲从人际关系的角度探讨客户追随签字注册会计师流动的内在动因，首先需厘清审计业务中的个人关系；然后，分析签字注册会计师发生流动时这种个人关系的变化及其在"客随师走"行为决策过程中发挥的驱动作用。

1）审计业务中的个人关系剖析

对于注册会计师审计而言，传统审计关系的基础是两权分离。由于两权分离，所有者和经营者之间的经济责任关系得以确立，为了更好地维护这一经济责任关系的公平、公正，需要引入第三方关系人——审计师，进而形成审计主体、审计客体和审计委托人的三方关系。其中，审计委托人（所有者）与审计主体（审计师）、审计客体（经营者）之间均存在着委托与受托责任，有经济利益关系的存在；而审计主体与审计客体之间则只有

---

① 流心.自我的他性——当代中国的自我系谱[M].常姝，译.上海：上海人民出版社，2005：5.

② 梁漱溟（1989）还进一步论述到："中国传统文化中，以服从侍奉一个人为道德，臣对君，子对父，妇对夫，都是如此，所谓教忠教孝也。而西方人'大约只有对多数人的服从没有对某人的服从，去侍奉人则更无其事'。"

审计与被审计关系的存在，双方不存在任何经济利益关系。在现代资本市场中，由于股权的分散使得真正意义上的委托人应该是现有和潜在的全体投资者。也正是这样，西方审计界才有“审计师的唯一委托人就是社会公众”这样一种说法。

但事实上，在现实的经济活动中，审计客体本来是被审计单位，却已被物化为被审计单位编制的财务报表；实际的委托人——现有和潜在的投资者，也被模糊化，进而成为一个虚拟且又缺位的主体。所以，审计关系更多地表现为签字注册会计师与被审计单位管理层之间的个人关系。财务报表是由签字注册会计师审计并签发审计意见，客户和会计师事务所之间的接触也主要是通过签字注册会计师来实现的。

故而，无论是在行业发展较为成熟的西方审计市场，还是在行业集中度较低的中国审计市场，“签字注册会计师——客户管理层”之间的个人关系都是注册会计师的一项重要资源，会计师事务所则通过聘任注册会计师而间接拥有这一资源。在“关系本位”较为明显的中国传统文化背景下，“签字注册会计师——客户管理层”之间的个人关系对注册会计师的绩效考核及职位晋升影响甚大。由此，“签字注册会计师——客户管理层”关系在获取及维系客户资源方面的重要性可见一斑。更为特殊的是，与其他形式的审计师变更的最大不同之处在于：在“客随师走”的情况下，“签字注册会计师——客户管理层”之间的个人关系依然维系着，而且这一个人关系在“共进退”的过程中很可能发生了质的变化（谢盛纹、闫焕民，2012）。那么，“签字注册会计师——客户管理层”个人关系在“客随师走”的决策过程中究竟是如何发挥作用的呢？

2）个人关系在“客随师走”决策中的驱动作用

若欲解读个人关系在“客随师走”行为决策过程中发挥的驱动作用，首先需弄清楚个人关系的类型以及审计业务委托中个人关系的动态变化。

根据黄光国（2006）的“人情与面子的理论模式”，在中国社会中个人可能拥有的三大类个人关系主要有：情感性关系、工具性关系和混合性关系。其中，情感性关系通常是一种长久而稳定的社会关系，像家庭、密友、朋侪团体等原级团体中的人际关系，都属于情感性关系，就这种关系而言，维持关系本身就是最终目的。所以，情感关系的进行与维系遵循

“需求法则”，即关系一方一旦有需求，另一方几乎是无条件予以满足的。与情感性关系相对的是工具性关系，个体建立工具性关系只是欲以这种关系作为获得其他目标的一种手段或一种工具，因此，这种关系基本上是短暂而不稳定的。在工具性关系中，关系双方并不预期他们将来会进行何种情感性的交易，因此彼此可以根据比较客观的标准，估计双方所掌握的资源的价值，然后在彼此认为“公平”的情况下进行交易，可见，工具性关系的进行与维系遵循“公平法则”。介于情感性关系和工具性关系之间的是混合性关系，这种关系的特点是：交往双方彼此认识而且有一定的情感关系，但其情感关系又不像原级团体那样，深厚到可以随意表现出真诚的行为。一般而言，混合性关系可能包含亲戚、邻居、师生、同学、同事、同乡等不同角色关系。混合性关系的进行与维系遵循“人情法则”，它既不像情感性关系那样不可分割，又不像工具性关系那样可以“合则来，不合则去”。一旦要是关系一方不顾“人情法则”而得罪对方，则双方在心理上均会陷入尴尬的局面。因此，一般来说，要是一方遇到什么困难而向拥有资源支配权的另一方请求帮助时，资源支配者往往会考虑对方可能做的回报，而给予特别的帮助。根据黄光国（2006）的论述，情感性关系、工具性关系和混合性关系都是由情感性关系成分和工具性关系成分构成的，其间差异仅在于不同关系中两种成分所占比例不同而已。工具性关系很容易改变成为混合性关系，混合性关系较难以转换为情感性关系。就审计关系来说，在初始审计阶段，签字注册会计师与被审计单位管理层之间基于审计业务委托关系而形成的关系应该是一种工具性关系，完成客户财务报表审计业务并获取相应的劳务报酬就是维系这一工具性关系的最直接目的。同时，这种工具性关系也是连接被审计单位与会计师事务所之间的纽带，这种关系的后续进行与维持在很大程度上就取决于签字注册会计师与被审计单位管理层之间的工具性关系的进行与演化。

那么，当签字注册会计师因为某种原因而离开原来的会计师事务所跳槽到另一家会计师事务所时，如图3-4所示，对于被审计单位来说，此时他们的选择有三种：一是选择续聘原来的会计师事务所（A），[①]在这种选

① 诚然，当客户选择该种策略时，若未发生流动的签字注册会计师b继续对该客户进行审计且签字，则客户管理层与签字注册会计师b之间的个人关系依然存在，但这属于正常的审计聘任关系，也并非本研究关注的重点。

择下，理论上虽然没有改变客户与会计师事务所（A）之间原有的主体关系，但其中反映的个人关系的核心已经发生了变化，因为发生流动的签字注册会计师（a）与客户管理层之间的实质上的工具性关系已随原签字注册会计师的离去而“中断”，那就意味着他们要与该会计师事务所的其他签字注册会计师重新建立并维护一种工具性关系；第二种选择是既不随签字注册会计师（a）流动，也不与原会计师事务所（A）继续保持审计业务关系，而是重新选择另一家与会计师事务所（A）、签字注册会计师（a）都无直接关联的会计师事务所（B），这种选择表明被审计单位与会计师事务所（A）之间的主体关系、客户管理层与发生流动的签字注册会计师（a）之间实质上的工具性关系都“中断”了；第三种选择便是随签字注册会计师（a）“共进退”，变更为签字注册会计师的“新东家”（会计师事务所C），这种选择表面上的重新构建了一种审计关系（主体关系），但实质上客户管理层与发生流动的签字注册会计师（a）之间的工具性关系却依然维持着。

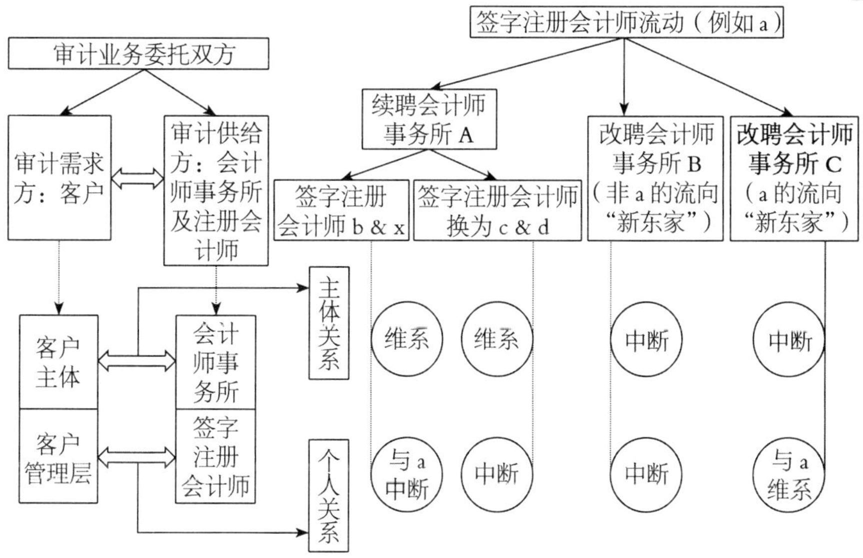

图 3-4　审计关系动态变化

更为重要的是，当签字注册会计师（a）发生流动时，被审计单位管理层对审计关系的具体选择会受到这种工具性关系的变化与转换的影响。具体而言，一方面，对于被审计单位管理层来说，伴随着对该客户年报审计业务的连续开展，被审计单位管理层与签字注册会计师无论是通过“公”的业务沟通还是“私”的情感交流，他们之间的个人关系也将进一步深化，使关系构成要素中的情感性关系成分比例逐渐增加，且审计任期越长，变化也越为明显。这种关系成分比例变化的直接结果就是由工具性关系向混合性关系的逐步转变，甚至有可能演化为较为稳定的情感性关系。进一步地，这种关系转变及演化的结果就是签字注册会计师与客户之间信任程度的提高。在一个关系色彩浓郁的传统文化氛围中，人们通常更愿意与自己有“关系”或信任的“熟人”进行交易，审计业务交易亦是如此，即客户更容易续聘他们“熟悉”的签字注册会计师，而不是付出更多谈判成本去改聘其他的签字注册会计师。这样一来，在其他条件相同的情况下，甚至在某些特殊情况下，比如，被审计单位欲与审计师保持一致“合谋”的特殊关系，则被审计单位的最佳选择就是维系原有的个人关系，与签字注册会计师“共进退”。

另一方面，对于签字注册会计师来说，他们在为原被审计单位提供初始审计服务的过程中，为了充分了解其经营环境、行业及财务状况等进行了大量人力、物力投资，这些针对原被审计单位的投资一旦形成，就很难改作他用或者改作他用后的价值会大跌，这也体现了“资产专用性”的作用。此外，随着这种个人关系的深入，签字注册会计师（或被审计单位管理层）也有可能把他们与被审计单位管理层（或签字注册会计师）的关系，通过拟亲制度往其差序场中的亲属层次扩展。这种最初的工具性关系就很有可能逐步变成混合性关系，体现为一种十分亲密且相对牢固的个人关系，本书将这种特殊的个人关系界定为“私人关系”。总而言之，无论是从被审计单位管理层的角度，还是从签字注册会计师的角度，他们都有甚至有强烈的动机去维持这种特殊的私人关系。由此，被审计单位随签字注册会计师流动而发生的会计师事务所变更行为，即换“所”不换“师”现象就顺其自然产生了。

3.3.3 审计意见需求

通常，公司管理层十分重视财务报表审计意见的类型，并有可能通过某些策略或手段竭力规避“非标”审计意见。那么，当签字注册会计师发生离职、跳槽等流动行为时，他是否会以“标准”审计意见为“饵”诱使其客户追随其“共进退”？或者，被审计单位管理层是否预期“共进退”将更有利于获得“标准”审计意见，而最终选择追随签字注册会计师流动的策略？

诸多研究认为，更换会计师事务所是公司改善审计意见类型的惯用手段，尤其是当公司收到“非标”审计意见时，更有可能改聘会计师事务所（Chow and Rice，1982；Krishnan and Stephen，1995；王英姿、陈信元，2004；翁健、章永奎，2009等）。但这一观点似乎无法解释“客随师走”现象，因为经济理性的客户管理层通常不会忠实地追随一位与其在审计意见方面存在“分歧”的签字注册会计师。恰恰相反，基于签字注册会计师个体流动的视角，对“客随师走”行为导致的换“所”不换“师”式变更问题的经验研究表明，相比那些没有追随签字注册会计师流动的客户而言，“追随”客户获得了签字注册会计师给予的更大的盈余管理空间，且更有可能获取“标准”审计意见（BGR，2007；Chen，Su and Wu，2009等）。在事实上，出现如此截然不同的会计师事务所变更动因也是正常且合理的。这是因为，当签字注册会计师发生流动行为时，若其为客户出具了“非标”审计意见，这不但意味着他对客户财务报表信息公允性及可靠性的质疑；而且意味着对标准审计意见有着刚性需求的客户管理层与签字注册会计师之间无法就审计意见类型这一问题达成一致，故而，理性的客户不大可能会追随一位并不“配合”的签字注册会计师。相反，若签字注册会计师为客户出具了“标准”审计意见，这基本反映了他对客户财务报表信息质量的认可，而客户为了能够在后续年度获得有利的审计意见，也更愿意追随签字注册会计师流动，并期望在未来审计期间内能够继续“合作”，共同分享这种“客随师走”行为所产生的“经济联合效益”（economic bonding benefit）。简而言之，“标准”审计意见很可能是客户追随签字注册会计师流动的重要动机之一。

3.3.4　交易成本

根据科斯（1937）提出的交易成本理论，交易成本是指获得准确市场信息以及谈判和经常性契约的费用。也就是说，交易成本是指产品或服务从一个单位转移到另一个单位过程中所产生的所有成本和代价，具体包括谈判成本、缔约成本、监督履约情况的成本、可能发生的处理违约行为的成本等。

当签字注册会计师发生离职、跳槽等流动行为时，如果他审计的上市公司盈余管理水平较高或会计违规行为较多，一方面，对客户而言，如果更换新的会计师事务所及签字注册会计师，他们与前任注册会计师的合谋被揭露并受到监管部门处罚的可能性相对大得多，即使公司能够找到较为“配合”的继任注册会计师并达成新的“协调”或“合谋”，也会增加额外的搜寻成本、议价成本、决策成本和缔约成本等一系列的支出。另一方面，对签字注册会计师而言，若客户不追随其“共进退”，他不但面临着丢失客户而被会计师事务所削减薪酬，还可能因为客户不合理的会计处理或财务舞弊行为被揭露而遭受连带责任损失，影响其职业声誉和社会信任度。此外，根据威廉姆森（1999）对科斯的交易成本理论的发展研究：在有限理性、不确定性和机会主义等因素条件下，资产专用性程度是决定市场交易成本大小的重要因素。在审计服务过程中，无论是签字注册会计师与客户之间建立的特定人际关系，还是对客户财务状况及经营环境等深入了解而进行的人力物力投资，这些专用性资产的可转嫁性很差，这就意味着解除与现有客户的业务关系所造成的市场交易成本很大。

相反，若客户选择追随签字注册会计师流动，客户管理层与签字注册会计师之间在盈余操纵、审计意见等方面的“合谋”行为被揭露的概率则相对较低，并且可以预期收到有利的审计意见，签字注册会计师也可以避免因丢失客户而造成的专用性投资损失以及潜在的诉讼、处罚风险成本，这种“双赢”局面符合客户与签字注册会计师的共同利益。由此可知，当签字注册会计师流动到其他会计师事务所工作，客户不追随签字注册会计师时的交易成本显著大于追随签字注册会计师时的交易成本时，客户出于对自身利益的维护，很可能追随签字注册会计师相应地变更会计师事务所。在这种情况下，换“所”不换“师”现象的产生也就不言而喻了。

3.4 换“所”不换“师”式变更的经济后果分析

众所周知，上市公司变更会计师事务所作为一项重要经济事项，会产生一系列的经济后果，并有可能引起市场投资者的反应。尤其是，由签字注册会计师流动并带走客户这一特殊行为所引致的换“所”不换“师”现象，作为一种较为特殊的会计师事务所变更形式，反映了客户管理层与签字注册会计师之间的超工具性的特殊人际关系，有其独特的诱致动因，自然也会产生特定的经济后果。而且，我国作为一个礼仪之邦，一直是个人关系气氛很浓的国家，这种靠血缘伦理关系或拟亲制度进行亲属层次拓展维持的社会，缺乏法理契约型社会的传统。诚然，我们无法置疑它的大量优点，但也不能忽视它可能存在的缺点。就换“所”不换“师”这一特殊审计现象而言，在个人关系色彩浓郁的传统文化背景下，注册会计师的精神独立性很可能受到这种包含情感因素的个人关系的影响，进而导致审计服务的输出及执业结果的质量大打折扣。以下我们将分别从审计质量、审计意见、审计费用以及市场反应等方面，对客户随签字注册会计师流动而发生的换“所”不换“师”式变更行为所产生的经济后果予以剖析。

3.4.1 换“所”不换“师”式变更对审计质量的影响

关于审计质量，根据美国审计总署的定义，我们可以理解为注册会计师按照公认审计准则制订审计计划并实施审计程序，获取充分适当的审计证据，以合理评估被审计单位的财务报表及其相关信息的准确性，最终出具公允的审计报告。它可表现为：一是依照公认会计原则（GAAP）进行相关表述；二是不存在由于错误或者舞弊导致的重大错报出现。具体而言，高质量的审计服务应当是注册会计师在发现客户财务报表存在重大错报之后，体现在以下几个方面：（1）确保客户对财务报表进行了相关披露、适当的调整和其他变动以防止重大错报；（2）如果没有相关披露并进行恰当调整，则修改注册会计师对财务报表的审计意见；（3）在必要的情况下，解除同客户的审计委托关系并向证券交易委员会报告辞聘理由。① 那么，签字注册会计师流动并携客户“共进退”而形成的换“所”不换“师”现象究竟如何影响审计服务的质量？这需要从审计质量的影响因素切入，然后据实际情况进行详细分析。

1）审计质量的影响因素分析

注册会计师提供的审计服务隶属于商品范畴，与普通商品一样，维系其生存和发展的根本是质量，然而影响审计质量的因素自然也包括多方面。国内外学者通过理论分析、建立模型和实证检验等方法对审计质量的影响因素进行全面研究，发现会计师事务所的规模、上市公司治理结构、审计服务时间、审计定价、会计师事务所变更等都会对审计质量产生影响。有的学者将这些影响因素进行划分，如程梅（2007）将影响审计质量的所有因素划分为三大类：会计师事务所的规模、被审计单位的公司治理结构和注册会计师的职业素质。还有人将影响审计质量的因素分为三类：第一类是技术性因素，如注册会计师的经验积累、专业技术水平和职业判断能力等；第二类是违规性因素，如注册会计师的职业操守、风险控制意识等；第三类是制度性因素，如审计执业准则、被审计单位治理结构等。总体而言，一种广为学者认可的观点是：“审计质量是注册会计师发现并且披露财务报告中错误的能力，它取决于注册会计师的专业胜任能力和独立性的联合作用。”（Deangelo，1981）那么，我们可以简单地将审计质量的影响因素归集为两大类：第一类是影响注册会计师专业胜任能力的因素，如审计人员的素质、专业水平、经验积累等；第二类是影响审计独立性的因素，如客户的内部控制环境、财务状况、公司治理结构、会计师事务所更换等。当然，这些因素可能并不仅仅影响注册会计师的专业胜任能力或者审计独立性中的某一方面。换言之，它们经常同时影响注册会计师的专业胜任能力和独立性，进而影响审计服务质量，会计师事务所变更事项就是如此。

2）换“所”不换“师”如何影响审计质量

当上市公司变更会计师事务所时，继任签字注册会计师的专业胜任能

① 参见《美国审计总署关于会师事务所强制轮换潜在影响的研究报告》，中国注册会计师协会，2004年编译。

力和独立性与前任签字注册会计师均有所不同，审计质量自然也会发生变化。根据国内外学者关于会计师事务所变更对审计质量之影响的研究结论可知：有学者认为会计师事务所变更后盈余操纵水平并未增加，即审计质量并未下降（如Davidson、Jiraporn and DaDalt，2006；陈武朝、张泓，2004等）；也有学者认为上市公司通过变更会计师事务所的策略实现了盈余管理的目标（刘伟、刘星，2007），或者至少会对年报审计质量产生一定程度的影响（赵劼、钱程，2008）。总之，针对会计师事务所变更对审计质量之影响这一重要问题，目前学术界仍然没有获得一致性的研究结论。但同时我们也发现，以往这方面的研究大多是只比较公司变更会计师事务所前后的审计质量变化，抑或对比变更会计师事务所与未变更会计师事务所的两类公司在观测年度的审计质量差异，但大都没有进一步考虑签字注册会计师与被审计单位“共进退”式变更与“非共进退”式变更的不同，这有可能造成研究结论的差异性。

具体地，当签字注册会计师因所在的会计师事务所解散而到其他会计师事务所工作，或直接跳槽到其他会计师事务所时，签字注册会计师能够带走原审计客户并继续对其进行审计，形成了“换‘所’不换‘师’”的特有现象，这种现象可能意味着被审计单位管理层与签字注册会计师之间的工具性关系已经发生了变化或转换，也就是说，最初的工具性关系很有可能转变成混合性关系，甚至是情感性关系。总之，客户管理层与签字注册会计师之间的个人关系伴随着“客随师走”现象的发生而变化或转化，呈现为一种超出普通“工具性”关系的特殊个人关系，在前文阐述中将这种特殊的个人关系界定为“私人关系”。

从人际关系理论的角度分析，私人关系的存在和延续有助于签字注册会计师和客户之间在审计意见、盈余管理等方面更好地“合谋”，从而导致审计质量下降。具体地讲，当签字注册会计师与客户之间存在上述私人关系时，他们通常会潜意识地提高对客户管理层的信任程度，减少对客户整体运营机制的效率、财务会计体系的健全性、内部牵制制度的实施效果、所在行业所处的发展阶段、客户市场份额及市场发展空间等情况的深入了解，从而采取较为宽松的审计策略，有意降低客户的风险水平，最终导致审计质量下降。更为严重的是，处于混合性关系或情感性关系的签字注册会计师还会受到“人情法则”或者“需求法则”的影响，其独立性也必将受到一定程度的损害，进而放弃那些对被审计单位利益产生负面影响的应有原则，比如为被审计单位提供足够大的盈余管理空间，从而影响审计质量。而且，随着这种关系维系时间的延长，签字注册会计师的独立性有可能受到损害，审计质量的下降程度有可能变大。

从客户资源归属角度来看，当客户资源归属权控制在签字注册会计师手中，而不是会计师事务所时，由于受到对特定客户专用性资产的投入而形成的可挤占准租金的牵制，现任签字注册会计师相对于潜在的继任注册会计师更易接受客户所提出关于盈余管理的“特定要求”。现任签字注册会计师与客户在盈余管理、粉饰报表或其他会计违规处理等方面合谋较多，客户可借以威胁签字注册会计师继续进行“合谋”，签字注册会计师出于对自身风险和收益的权衡也就越容易“妥协”。此外，由于签字注册会计师受到对特定客户的专用性审计服务投资的牵制作用，其审计独立性可能受到一定程度的损害，可能会放弃那些对客户利益产生负面影响的应有原则，比如为客户提供足够大的盈余管理空间，从而损害审计质量。

综上所述，我们认为签字注册会计师流动并带走客户这一“换‘所’不换‘师’”变更行为会导致审计质量下降。但是，从其他角度分析也可能得出相反的结论。例如王晓玉、晁钢令（2007）研究表明，在我国市场上，私人关系虽然不能直接促进公司之间的关系投资和相互信赖程度，但是可以促进双方公司高管或其他人员之间的相互信赖，从而间接地提高公司之间的关系投资和相互信赖程度，从而促进交易关系的达成和维系。对审计服务而言，签字注册会计师与客户之间的私人关系可以促进签字注册会计师与公司高管之间的人际信任的发展，并间接地促进专用性投资的发展，进而促进签字注册会计师对客户所在行业的专业性培养，通过“干中学”（learning by doing），他们对客户所在行业的规则或惯例、行业发展水平、客户市场份额及成长空间等方面的了解更为深刻，对该行业的惯用的盈余管理手段也比较熟悉。此外，由于注册会计师需要在审计报告书上面签字，被审计单位追随签字注册会计师流动而产生的换“所”不换“师”现象很可能被财务报告信息使用者和继任会计师事务所识别，投资者也会对此现象予以关注并探究其信息含量，因此，被审计单位及签字注册会计师出于安全性角度的考虑，会选择在会计师事务所变更当年降低盈余管理程度，以提供高质量的审计服务。

总之，签字注册会计师流动并带走客户而形成的换“所”不换“师”现象作为一种十分特殊的会计师事务所变更形式，对审计质量产生的影响可能是积极正面的，也有可能是消极负面的，而且这种影响作用在换“所”不换“师”式变更当年及其后续年度的具体表现也有可能不同，对这些现实、重要问题的解读尚需进一步的实证研究。

3.4.2　换“所”不换“师”式变更对审计意见的影响

根据前文所述，目前关于上市公司更换会计师事务所行为对审计意见之影响的研究结论主要有两种：一是会计师事务所变更并未明显改善审计意见，表明注册会计师并未因可能的“解聘”而有所屈服，没有迎合被审计单位“审计意见购买”的目的（Smith，1986；吴联生、谭力，2005；王春飞，2006）；另一种是上市公司能够通过更换会计师事务所改善审计意见，甚至有可能实现“审计意见购买”的目的（Lennox，2000；吴粒、杨丰嘉，2004）。总之，关于上市公司变更会计师事务所能否改善其审计意见，学术界始终没有得出一致的结论，其中固然有制度背景、研究方法及样本选择等因素的影响。但不可否认的是，以往的研究忽略了会计师事务所变更的具体形式，或者说仅考虑了对审计意见类型产生作用的会计师事务所的因素，却极少同时考虑签字注册会计师个人情况这一重要因素，这可能是造成结论差异化的主要原因之一。因此，有必要基于签字注册会计师流动的视角，将会计师事务所变更的具体形式进行划分并分类进行分析，尤其是考察签字注册会计师流动并带走客户而形成的换“所”不换“师”式变更现象对审计意见产生的特定影响，是十分具有理论价值和现实意义的。

首先，从客户资源归属权的角度进行分析。当客户资源归属权控制在签字注册会计师手中，而不是会计师事务所主体手中时，由于受到对特定客户专用性审计服务资源的投入而形成的可挤占准租金的牵制，现任签字注册会计师相对于潜在的继任注册会计师更易接受客户所提出关于审计意见的“特定要求”，客户也就更容易实施“意见购买”。现任签字注册会计师与客户在盈余管理、粉饰报表或其他会计违规处理等方面合谋越多，客户可借以威胁签字注册会计师出具自己期望的审计意见的筹码就越多，注册会计师出于对自身风险和收益的权衡也就越容易妥协。

其次，从人际关系的角度进行分析。随着签字注册会计师与被审计单位管理层之间最初的工具性关系中的情感成分增加，他们之间的关系性质也会发生质的变化，他们之间交易进行的原则也随之发生变化。例如，随着审计关系的建立与发展，最初的工具性关系中的情感成分将逐步增加，签字注册会计师也将可能逐步丧失保持合理的职业谨慎态度，减少对被审计单位的生产经营特点、运营体系和内部控制、所采用的会计政策、行业竞争状况及其市场地位等情况的深入了解，不合理地降低被审计单位的财务报告风险，简化必要的审计程序，从而未能搜集到充分适当的审计证据，以致出具了不尽合理的审计意见。

事实上，对于换“所”不换“师”式变更行为的当事双方——签字注册会计师和被审计单位来说，有理由认定两者之间已经由最初的工具性关系转变成为混合性关系或情感性关系，那么受这种关系变化的心理暗示作用，签字注册会计师将缺乏足够的职业怀疑精神，怠于运用替代审计程序，更为严重的是，他们还有可能受“人情困境”的影响，进而接受被审计单位提出关于审计意见的“特定要求”，使得被审计单位更容易实施“意见购买”，甚至还有可能会产生合谋心理。

综上所述，在客户随签字注册会计师流动而发生的换“所”不换“师”式变更的行为下，签字注册会计师最终出具的审计意见更有可能受到负面的影响。

3.4.3 换“所”不换“师”式变更对审计费用的影响

审计费用是审计服务的供给方（会计师事务所）在提供审计服务后，向审计服务的需求方（审计客户）收取的用于弥补在审计过程中付出的成本的一定数额的费用。审计费用的高低受多种因素影响，主要包括审计成本、预期损失风险、会计师事务所规模或声誉、双方议价能力、审计市场集中度等。关于会计师事务所变更对审计费用的影响，目前的研究结论有三种：有所上升、或上升或下降、有影响但不显著。直观地分析，在随签字注册会计师流动而发生的换“所”不换“师”式变更行为下，尽管会计师事务所发生了变更，但签字注册会计师没有发生变化，凭借其对被审计单位的熟悉程度，审计费用应该不会发生太多实质性的变化，然而事实并不一定这样。随签字注册会计师流动而发生的会计师事务所变更行为意味着会计师事务所与审计客户之间的工具性关系发生了变化与转换，使得签字注册会计师与审计客户管理层之间很可能存在某种混合性关系甚至是情感性关系，这种关系的变化与转换可能会影响会计师事务所的审计费用。

首先，对审计客户来讲，一方面，为了避免更换注册会计师后寻找配合的继任注册会计师所产生的搜寻成本和谈判成本，避免新的合谋无法达成时原来的合谋很可能被揭发并受到处罚的风险，在其他条件不变的情况下，公司管理层愿意增加签字注册会计师的报酬或保持不变，至少不会降低报酬；另一方面，上市公司可以凭借与签字注册会计师有关的可挤占准租金的牵制作用，以及客户被处罚时签字注册会计师也需承担相关责任的潜在风险损失，威胁签字注册会计师降低审计费用或至少不增加审计费用；总之，在审计客户层面，客户追随签字注册会计师流动而相应地变更会计师事务所对审计费用的影响取决于上述两种力量的博弈结果。

其次，对签字注册会计师而言，一方面，基于“高风险高收益”原则，会要求客户增加服务报酬，或至少不会降低报酬；另一方面，由于签字注册会计师在为客户提供审计服务的过程中人力物力投资的专用性，使其在审计费用谈判过程中的话语权大打折扣，而且客户舞弊行为被揭发时所产生的连带责任风险以及终止服务可能产生的薪酬削减，这都将使得签字注册会计师不会过多地要求客户增加审计服务收费。总之，在签字注册会计师层面，客户追随签字注册会计师流动而相应地变更会计师事务所对审计费用产生的影响取决于上述两种力量的博弈结果。

最后，对于签字注册会计师的“新东家”来说，一方面，为了在激烈竞争的审计市场中谋求生存与发展，本身就有“低价招揽”的动机。加之考虑到签字注册会计师与该审计客户管理层之间的工具性关系已经发生的变化或转换，可以避免（或至少可以降低）与“新客户”确立审计关系时所产生的搜寻成本和谈判成本；另一方面，这种关系的变化与转换也在一定程度上促使签字注册会计师形成了对该审计客户的专门性投资，这可以进一步节约审计时间和审计成本，提高审计效率，甚至签字注册会计师还有可能存在基于“人情法则”的还“报”义务。所以，签字注册会计师的“新东家”完全有可能采取“折价”方式接纳这个“新客户”。

综上所述，客户追随签字注册会计师“共进退”而发生的换“所”不换“师”式变更行为对审计费用产生的影响取决于多方面力量共同作用的最终结果，影响作用究竟如何还有待进一步的实证研究。

3.4.4 换“所”不换“师”式变更的市场反应

我们知道，会计师事务所变更的市场反应取决于市场的有效性（谢香兵，2009）。诸多研究结果表明市场对不同原因导致的会计师事务所变更的反应存在差异，或判定为好消息（白宪生，2010），或判定为坏消息（王艳艳、廖义刚，2009），或无显著反应（李爽、李辉和吴溪，2001）；此外，不同类型的会计师事务所变更还会影响公司的价值（王桦，2007）和审计市场的客户集中程度（范珍珍，2010）。

如果审计市场是有效的，则能够“看穿”（see through）因利益合谋或审计意见购买而导致的会计师事务所变更，那么，对于发生了这种会计师事务所变更的公司，市场不会有任何超额收益的表现；如果审计市场是无效的，或会计师事务所变更还包含了新的信息（如客户与签字注册会计师的“共进退”行为可能意味着他们之间存在异常的私人关系），且这个新信息将减少投资者对审计程序的信心，那么，市场对会计师事务所变更行为的反应就会表现为负的超额收益。由此可见，客户追随签字注册会计师流动而发生的换“所”不换“师”式变更事项产生的市场反应与资本市场的有效性息息相关，这一特殊的会计师事务所变更事项的市场反应究竟如何还有待于实证检验和分析。

第 4 章
换“所”不换“师”式变更行为动因的实证研究

4.1 引言

上市公司更换会计师事务所的行为一直是会计学术界的焦点话题。诸多实证研究及案例分析表明，当签字注册会计师发生流动时，有为数不少的上市公司会选择追随签字注册会计师流动并改聘其“新东家”，从而形成一种“客随师走”的换“所”不换“师”式变更现象（刘峰等，2002；谢盛纹、闫焕民，2012）。根据前面的文献综述可知，目前关于会计师事务所变更行为所承载的特定信息含量以及可能产生的经济后果的文献研究颇为丰富（刘启亮、唐建新，2009；Chen et al.，2009，等），但对于换“所”不换“师”式变更现象的形成机理、行为动因及经济后果却不甚了解。

然而，签字注册会计师发生流动并携带客户“共进退”的行为极有可能促成客户与签字注册会计师之间的“经济联合”（economic bonding），进而影响审计独立性及审计质量（Chen et al.，2010）。故而，我们不但要“知其然”，更要“知其所以然”。如此才能更好地探究这种特殊形式的变更背后所隐藏的特殊利益关系，了解其在审计实务中发挥作用的途径，有针对性地“取其利，避其弊”，从而更好地监督和引导注册会计师审计执业行为。鉴于此，本章拟借鉴人际关系理论，从审计意见需求的视角，结合我国证券市场环境及制度背景，选择在我国A股市场中发生会计师事务所变更的公司为样本，对换“所”不换“师”式变更现象的成因进行探讨和分析。

4.2 理论分析与研究假说

在审计实务中，上市公司更换会计师事务所的缘由可谓不知凡几。比如，在公司年度报告中经常披露的审计委托合同期限已满、会计师事务所业务繁忙而导致无法按期完成审计工作、签字注册会计师连续审计任期已满需执行“签字注册会计师五年强制轮换制度”等诸多表面原因，抑或公司管理层与签字注册会计师之间存在审计意见分歧、公司高管变化以及财务状况恶化等不便公开披露的内在原因。总之，上市公司更换会计师事务所的动机或缘由，真真假假，种类繁多，不胜枚举，这也逐渐引起了学者们的研究兴趣，其中较为一致的研究结论是：公司管理层因为对签字注册会计师出具的“非标”审计意见的不满而更换会计师事务所，以期实现审计意见的改善（Chow and Rice，1982；Krishnan and Stephen，1995；王英姿、陈信元，2004；沈红波、王布衣，2008）。那么，“客随师走”现象的诱致动机是否亦如此？据本研究初步统计数据显示，客户在追随签字注册会计师流动前收到“非标”意见的比例（约为3%），远远低于在其他形式的会计师事务所变更下收到“非标”意见的比例（约为17%），这其中的内在缘由谓何？

4.2.1 审计意见需求的视角

从会计师事务所层面而言，不同规模的会计师事务所，无论业内声誉及影响力如何，只要具备证券期货执业资格，任何一家会计师事务所出具的标准无保留审计意见在法律效力上并无区别，对上市公司来说理论上也没有明显差异。倘若会计师事务所为其客户出具了“非标”审计意见，则极有可能影响该公司股票的市场表现及其投融资政策等。因此，上市公司通常对标准审计意见具有强烈的刚性需求，一旦收到“非标”审计意见则很可能考虑更换会计师事务所，以期实现审计意见改善甚至是审计意见购买。

从签字注册会计师个体层面而言，当签字注册会计师发生流动时，比如签字注册会计师主动跳槽到其他会计师事务所任职，以及因原会计师事务所被合并或撤销而被动跳槽等，对于审计客户来说，将面临三种选择：一是继续聘任原会计师事务所的其他签字注册会计师；二是不追随签字注册会计师“同步流动”，但改聘另外一家会计师事务所；三是追随签字注册会计师“同步流动”，继而很可能形成换“所”不换“师”式变更现象。值此决策选择时，当发生流动的签字注册会计师在上一年度为其客户出具“非标”审计意见时，一方面反映了签字注册会计师对于被审计客户至少在财务报告信息质量上的某些否定；另一方面也反映了对标准审计意见有着刚性需求的客户与签字注册会计师之间至少在审计意见方面存在一定的分歧，因而该客户不大可能会选择追随签字注册会计师“同步流动”。反之，当签字注册会计师在流动之前为其客户出具“标准”审计意见时，这至少在形式上代表着签字注册会计师对审计客户的认可，而审计客户为了持续获得有利的审计意见，也很可能会选择追随注册会计师“同步流动”，并期望在未来审计期间内共同分享“客随师走”所带来的“经济联合效益”（economic bonding benefit）。简言之，与以往基于会计师事务所层面的变更问题研究结论不同（即“非标”意见很可能导致客户更换会计师事务所），“标准”审计意见很可能是客户选择追随签字注册会计师“共进退”的一个重要动因。基于上述分析，提出本章的研究假设1：

限定其他条件，签字注册会计师在流动之前为客户出具的审计意见越好，发生换“所”不换“师”式变更的可能性越大。

4.2.2　个人关系的视角

假设1的推理分析主要是基于审计意见需求方面的考虑，并未考察个体层次的“签字注册会计师——客户管理层”之间的人际关系。然而，已有研究表明：由“客随师走”而形成的换“所”不换“师”式变更现象反映了签字注册会计师与客户管理层之间超出普通“工具性”关系的特殊人际关系，本研究将这种特殊关系界定为私人关系。那么，这种私人关系的持续维系及其承载的情感因素是否会影响客户管理层的决策选择，并导致其追随签字注册会计师“共进退”，进而形成换“所”不换“师”式变更现象呢？

一般而言，人们在现实生活中是以“社会人”的角色而存在，而不是单纯的“经济人”。在我国这种“关系本位”及“圈子文化”的背景下，个人关系在工作和生活中发挥的作用尤为明显。对于注册会计师审计而言，审计业务关系最初表现为一种“工具性关系”。[①]但在审计业务的实际开展过程中，伴随着签字注册会计师与客户管理层在工作、个人生活与情感等方面的正常沟通与人际交流，两者之间的个人关系会慢慢发生变化，而且合作时间越长，个人关系中的情感色彩通常会越来越浓，而这种情感因素的增加会增强人际交往中“人情或面子”的作用发挥，这就越有利于双方在审计意见方面达成一致，从而不至于“驳”客户管理层的“面子”，这也符合中国传统文化背景下的“人情与面子的理论模式”（黄光国，2006）。因此，基于“人情法则”，我们有理由推测，签字注册会计师与客户管理层之间应当有、甚至是有强烈的意愿或动机去维持这种长期往来过程中逐渐积累的私人关系，并且随着审计任期的延长，这种关系也越密切，双方共同的维系动机也越强烈，并且在签字注册会计师发生流动时以“客随师走”的形式体现出来。基于上述分析，提出本章的研究假设2：

限定其他条件，签字注册会计师在流动之前对客户的审计任期越长，越有可能发生换“所”不换“师”式变更。

4.3 研究设计

4.3.1 数据来源与样本选取

本研究涉及签字注册会计师的审计任期，考虑到我国证监会及财政部于2004年开始施行的“签字注册会计师五年强制轮换制度”可能产生的

① 根据前文所述，黄光国（2006）将人们之间的个人关系分为三类：工具性关系、混合性关系和情感性关系，三类关系所包含的工具性成分和情感性成分有所不同。

影响，所以，在本章研究的主测试部分，采用2004年至2011年区间内我国沪、深两市发生了会计师事务所变更的上市公司作为初始研究样本；在稳健性测试部分，选取样本区间为1998年至2003年。另外，由于本章研究数据涉及现金流量表项目，而我国自1998年起要求上市公司披露现金流量表，故稳健性测试样本区间始于1998年。样本数据主要来源为CSMAR数据库和Wind数据库，其中，签字注册会计师的流动情况、换“所”不换“师”式变更样本数据是严格依据数据库相关信息、上市公司年报、中国证监会和中国注册会计师协会关于会计师事务所及注册会计师的统计信息，进行手工搜集的结果。

在初始研究样本的基础上，遵照学者的研究惯例，我们剔除了中小板、创业板以及B股上市公司，剔除了行业性质较为特殊的金融保险类上市公司，剔除了主要财务数据缺失的上市公司，最终获得研究样本观测值为790个，其中发生签字注册会计师流动的样本观测值为165个（其中，客户追随签字注册会计师流动而形成的换“所”不换“师”式变更样本观测值为66个），具体的样本筛选过程见表4-1。

表4-1　**样本筛选过程**　单位：个

初始样本数量（2004—2011）	1 068
剔除：中小板、创业板以及B股上市公司	52
金融保险类上市公司	63
财务数据缺失的上市公司	163
最终样本数量	790
其中：签字注册会计师流动的样本	165

4.3.2　变量设定与模型设计

1）变量设定

根据本章的研究目标及内容，选取的研究变量及其说明如下：

（1）换“所”不换“师”式变更（CHG_CPA）

若上市公司追随签字注册会计师“同步流动”并改聘其“新东家”，这种“客随师走”形成的变更形式即为换“所”不换“师”式变更，此时

CHG_CPA取值为1，否则CHG_CPA取值为0。

（2）审计意见（OPINION）

上市公司在变更会计师事务所的上一年度，即签字注册会计师发生流动的上一年度，若为客户公司出具了“非标”审计意见（包括无保留意见加说明段或事项段、保留意见或保留意见加说明段或事项段、否定意见或否定意见加说明段、无法发表或拒绝发表意见），则OPINION取值为1；否则，如出具了“标准”审计意见（标准无保留意见），则OPINION取值为0。

（3）签字注册会计师审计任期（TENURE）

签字注册会计师在流动之前对客户的连续审计年数，若两位注册会计师同时发生流动，则取二者的审计任期较长者。

（4）其他变量

在研究模型设计中，根据研究目标并借鉴王英姿和陈信元（2004）等研究经验，对上市公司规模、公司治理结构、会计师事务所类型、年度和行业等因素加以控制，各变量的定义及计算方法详见表4-2。

表4-2 **变量说明**

变量	变量名称	变量符号	变量定义
因变量	换“所”不换“师”	CHG_CPA	前已叙及，不再赘述
检验变量	审计意见	OPINION	前已叙及，不再赘述
	签字注册会计师审计任期	TENURE	前已叙及，不再赘述
控制变量	公司规模	LNASSET	总资产的自然对数
	每股收益	EPS	公司的每股收益
	两职合一情况	CONCURRENT	总经理与董事长两职兼任取值为1，否则为0
	董事会规模	LN(BS)	董事会人数的自然对数
	会计师事务所类型	BIG4	由国际“四大”会计师事务所审计取值为1，否则为0
	年度变量	YEAR	虚拟变量，区分年度
	行业变量	INDUSTRY	虚拟变量，区分行业

2）模型设计

（1）针对假设1的检验模型

为了检验审计意见类型是否为换“所”不换“师”式变更行为的动因，我们建立logistic检验模型4-1：

$$CHG\_CPA_{i,t}=b_0+b_1OPINION_{i,t-1}+b_2LNASSET_{i,t-1}+b_3EPS_{i,t-1}+b_4CONCURRENT_{i,t-1}+b_5LN(BS)_{i,t-1}+b_6BIG4_{i,t-1}+b_7YEAR+b_8INDUSTRY+\varepsilon \quad (4-1)$$

其中，被解释变量为CHG_CPA，主要解释变量为OPINION；i表示第i家上市公司，t-1表示上一会计年度，ε表示残差项。结合以往研究经验，我们认为对于会计师事务所变更的主要影响因素通常是已经发生且存在的，故模型中选取的变量指标均为上一年度数值。

（2）针对假设2的检验模型

为了进一步考察签字注册会计师与客户管理层之间的个人关系（审计任期作为替代度量）对换“所”不换“师”式变更行为的影响，我们构建logistic检验模型4-2：

$$CHG\_CPA_{i,t}=b_0+b_1TENURE_{i,t-1}+b_2OPINION_{i,t-1}+b_3LNASSET_{i,t-1}+b_4EPS_{i,t-1}+b_5CONCURRENT_{i,t-1}+b_6LN(BS)_{i,t-1}+b_7BIG4_{i,t-1}+b_8YEAR+b_9INDUSTRY+\varepsilon \quad (4-2)$$

其中，被解释变量为CHG_CPA，主要解释变量为TENURE与OPINION；i表示第i家上市公司，t-1表示上一会计年度，ε表示残差项，其他变量同上。

4.4 实证分析

4.4.1 描述性统计

表4-3列示了模型主要变量的描述性统计结果。从表4-3中可以看出，换“所”不换“师”式变更（CHG_CPA）的均值约为0.084，这说明在发生会计师事务所变更的上市公司中，追随签字注册会计师流动并改聘其“新东家”的公司约占8%；这也进一步表明，换“所”不换“师”式变更现象在我国资本市场中并不鲜见。审计意见类型（OPINION）的

均值约为0.152，这说明在发生会计师事务所变更的上市公司中，约有15%的公司在变更前收到了“非标”审计意见，这高于整体审计市场上签字注册会计师出具“非标”审计意见的平均概率（不到10%），即，整体而言上市公司被出具“非标”审计意见很可能是导致其改聘会计师事务所的主要原因之一。此外，会计师事务所类型变量（BIG4）的均值约为0.073，这表明在发生会计师事务所变更的上市公司中，约有7%的公司在变更前聘任国际“四大”会计师事务所；两职合一变量（CONCURRENT）均值约为0.111，这说明样本公司中约有11%的上市公司是董事长与总经理兼任的。此外，上市公司规模（LNASSET）、股东获利状况（EPS）等变量的均值、中值和标准差等指标均无极端异常值情况，表明研究样本的数据来源及分布情况较为合理。

表4-3　**描述性统计**

	obs	mean	median	min	max	std
CHG_CPA	790	0.084	0	0	1	0.280
OPINION	790	0.152	0	0	1	0.360
LNASSET	790	21.424	21.291	13.076	26.163	1.222
EPS	790	0.064	0.092	-3.400	4.070	0.531
CONCURRENT	790	0.111	0	0	1	0.315
LN(BS)	790	2.227	2.197	1.386	2.944	0.224
BIG4	790	0.073	0	0	1	0.261

4.4.2　相关性分析

表4-4描述了检验模型涉及的主要变量之间的Spearman相关性检验结果。从Panel A可以看出：首先，CHG_CPA与OPINION在1%水平下呈显著负相关关系，初步表明上市公司在变更会计师事务所之前，若签字注册会计师为客户出具标准无保留审计意见时，客户更可能追随其“同步流动”，进而形成换“所”不换“师”式变更现象；其次，LNASSET、EPS及CONCURRENT等各个控制变量之间的相关系数均在合理范围之内，表明各控制变量之间不存在严重的多重共线性问题，模型构建及变量

选取较为合理。从Panel B可以看出，在签字注册会计师流动样本组中，CHG_CPA与TENURE在10%水平下呈显著正相关关系，这表明签字注册会计师在流动之前对客户的审计任期越长，越可能带走客户，这与本研究的研究预期相吻合。

4.4.3　多元回归分析

表4-5展示了检验模型（1）与模型（2）的多元回归结果。从表4-5的Panel A部分的回归结果可以看出，在逐步控制行业与年度因素的条件下，CHG_CPA与OPINION始终呈显著负相关关系，这说明当客户收到“标准”意见时，追随签字注册会计师流动的可能性越大，即表现为换“所”不换“师”现象的发生，这支持了本研究的假设1。

从表4-5的Panel B部分的回归结果可以看出，在逐步控制行业与年度因素的条件下，CHG_CPA与TENURE始终呈显著的正相关关系，这说明签字注册会计师在发生流动之前，对客户的审计任期越长，他与客户管理层之间的私人关系通常也越为密切，有意满足客户特定利益诉求的意愿也就越强；与此同时，客户追随签字注册会计师“同步流动”继而维系这一特殊人际关系，并期望持续获得有利审计意见的动机也越强，最终表现为“客随师走”，这支持了本研究的假设2。

表4-4　　Spearman相关系数矩阵

Panel A：模型1

	CHG_CPA	OPINION	LNASSET	EPS	CONCURRENT	LN(BS)	BIG4
CHG_CPA	1						
OPINION	-0.104***	1					
LNASSET	0.054	-0.187***	1				
EPS	0.162***	-0.446***	0.450***	1			
CONCURRENT	0.008	0.052	-0.096***	-0.086**	1		
LN(BS)	-0.002	-0.044	0.261***	0.165***	-0.135***	1	
BIG4	-0.068*	-0.092***	0.300***	0.207***	-0.038	0.060*	1

Panel B：模型 2　　续表

	CHG_CPA	TENURE	OPINION	LNASSET	EPS	CONCURRENT	LN(BS)	BIG4
CHG_CPA	1							
TENURE	0.151*	1						
OPINION	-0.220***	-0.115	1					
LNASSET	0.090	0.030	-0.257***	1				
EPS	0.228***	0.000	-0.461***	0.480***	1			
CONCURRENT	0.066	-0.199**	0.094	-0.139*	-0.036	1		
LN(BS)	-0.018	0.004	-0.144*	0.325***	0.146*	-0.196**	1	
BIG4	-0.103	0.064	-0.071	0.245***	0.105	-0.060	0.030	1

注：***，**和*分别表示在1%，5%和10%水平上显著。

表 4-5　　Logistic 回归结果

Panel A：模型 1

	检验模型(1)		
	回归 1	回归 2	回归 3
(Constant)	-3.764 (1.998)	-4.818 (2.636)	-6.826** (4.536)
OPINION	-1.290* (3.029)	-1.375* (3.377)	-1.366* (3.269)
LNASSET	0.109 (0.789)	0.164 (1.421)	0.238 (2.617)
EPS	1.080*** (10.893)	0.984*** (8.424)	1.050*** (8.627)
CONCURRENT	0.213 (0.273)	0.121 (0.079)	0.163 (0.138)
LN(BS)	-0.440 (0.524)	-0.258 (0.160)	-0.327 (0.258)
BIG4	-2.661** (5.398)	-2.517** (5.125)	-2.563** (5.185)
INDUSTRY	—	控制	控制
YEAR	—	—	控制
R^2	0.092	0.162	0.202
观测值	790	790	790

Panel B：模型2 续表

	检验模型(2)		
	回归1	回归2	回归3
(Constant)	-2.820 (0.827)	-0.125 (0.001)	-0.264 (0.004)
TENURE	0.319 ** (5.877)	0.442 *** (8.763)	0.326 ** (3.851)
OPINION	-1.174 ** (3.862)	-1.379 ** (4.218)	-1.777 ** (5.600)
LNASSET	0.147 (1.002)	0.006 (0.001)	0.034 (0.031)
EPS	0.258 (0.517)	0.373 (0.962)	0.607 (1.977)
CONCURRENT	0.880 (2.223)	1.248 (2.582)	1.214 (2.147)
LN(BS)	-0.511 (0.367)	-0.403 (0.167)	-1.039 (0.831)
BIG4	-1.874 (2.509)	-0.796 (0.321)	-1.423 (0.654)
INDUSTRY	—	控制	控制
YEAR	—	—	控制
R^2	0.154	0.304	0.428
观测值	165	165	165

注：***，**和*分别表示在1%，5%和10%水平上统计显著；括号内为wals值。

4.4.4 进一步测试

通过上述实证结果我们知道，标准意见的需求以及客户与签字注册会计师之间的私人关系都是导致换“所”不换“师”式变更现象发生的重要因素。但在这两种因素共同作用下，哪种因素更可能具有主导性作用？为此我们进行了进一步检验。

在本章研究样本中，TENURE的均值约为2.63，因此我们以3年为阀值，将换“所”不换“师”式变更样本划分为TENURE小于3和大于等于3的两组样本，分别进行Logistic回归测试。根据表4-6的回归结果可以看出，在TENURE<3组中，CHG_CPA与OPINION呈显著负相关关系，而在TENURE≥3组中，CHG_CPA与OPINION呈负相关关系但不显著。这说明，若签字注册会计师在跳槽前的审计任期在一定年限阀值内(本章研究发现为3年)，导致换“所”不换“师”式变更产生的关键性因素可能是标准意见的刚性需求。而当审计任期超过这一阀值时，即在TENURE≥3样本组中，导致换“所”不换“师”式变更产生的主导因素可能转化为签字注册会计师与客户之间的特殊人际关系及其承载的情感因素。其可能的解释是，随着签字注册会计师与客户之间的审计业务关系的持续开展，签字注册会计师与客户管理层之间关系也不断深化，他们之间的关系很有可能由最初的工具性关系转变成混合性关系，甚至是情感性关系。此时，私人关系中的“人情或面子”的作用力在一定程度上替代了审计意见刚性需求的作用力，从而体现为在私人关系十分密切的情况下，客户对审计意见刚性需求之意愿的影响力有所下降。

此外，我们也无法排除一种极端的情况：签字注册会计师在流动之前即使为客户出具了“非标”审计意见，这极有可能并非他的本意所为，很可能是迫于某些外在的压力，如来自会计师事务所层面的审计质量控制要求、媒体监督压力及行业监管部门的督察等等。但在这种特殊情况下，对审计客户而言，可能面临一种较为勉强的选择策略：若不追随签字注册会计师流动，而改聘新的会计师事务所，在未来期间内收到“非标”审计意见的可能性或许更大。这样一来，在其他条件相同的情况下，即便审计客户收到“非标”审计意见，客户管理层出于长期利益的考虑，并且碍于其与签字注册会计师之间的“人情或面子”，可能依然选择与签字注册会计师“共进退”。由此一来，在“客随师走”决策过程中发挥决定用的很可能是签字注册会计师与客户之间的私人关系。但在一般情况下，若限定研究样本为：公司在变更会计师事务所之前被出具“非标”审计意见，那么审计任期与“客随师走”概率之间又呈现怎样的关系，这留待后文稳健性测试部分解析。

表4-6　　**进一步测试结果**

	模型(1)分组检验	
	TENURE<3	TENURE≥3
(Constant)	4.885 (0.571)	-17.090* (3.384)
OPINION	-3.421** (5.131)	-0.865 (0.205)
LNASSET	-0.321 (1.126)	1.219** (5.490)
EPS	1.329 (2.402)	-0.363 (0.195)
CONCURRENT	2.083* (3.005)	0.213 (0.006)
LN(BS)	-0.146 (0.005)	-1.378 (0.432)
BIG4	-22.673 (0.000)	-23.013 (0.000)
INDUSTRY	控制	控制
YEAR	控制	控制
R^2	0.560	0.705
观测值	165	165

注：***，**和*分别表示在1%，5%和10%水平上统计显著；括号内为wals值。

4.4.5　稳健性测试

为了增加研究结论的稳健性，本章进行了以下稳健性测试。

（1）审计意见的替代度量

将审计意见的类型进行了细分并定义如下：标准无保留意见取值为0，无保留加强调事项段取值为1，保留意见取值为2，无法表示意见及否定意见取值为3。根据表4-7稳健性测试（1）的回归结果可以看出：在逐步控制年度和行业的情况下，OPINION与CHG_CPA大都显著负相关；这说明，当签字注册会计师发生流动时，若流动前一年度为客户出具标准审计意见时，客户更有可能追随其“共进退”，从而形成特殊的换“所”不换“师”式变更现象，这与前文研究结果基本一致。

（2）审计轮换制度的潜在影响

本研究涉及签字注册会计师的审计任期，考虑到我国证监会及财政部于2004年开始施行的“签字注册会计师五年强制轮换制度”可能产生的影响，故采用1998—2003年区间内发生会计师事务所变更的A股上市公司为样本，做进一步的回归分析。此外，由于对检验模型（1）进行多元回归分析所需的1997—2003区间内公司治理结构变量（董事会规模与两职合一情况）数据不完整，故在稳健测试的模型中未能包含公司治理结构变量；同时，为提高检验模型的拟合度，本研究增加了公司财务状况变量（资产负债率DEBT）、经营状况变量（是否经营亏损LOSS）、盈利能力（总资产收益率ROA）及原会计师事务所状况（是否撤销CANCEL）；此外，在2002年之前，仍是国际五大会计师事务所，故而该变量标识由BIG4改为BIG5。

首先，根据表4-7稳健性测试（2）的模型（1）的回归结果可以看出：第一步，当OPINION取值0（标准意见）和1（非标准意见）时，在逐步控制年度和行业的情况下，OPINION与CHG_CPA显著负相关，这说明当签字注册会计师发生流动时，若变更前一年度为客户出具了标准审计意见，则客户追随其同步流动的可能性越大；第二步，对审计意见的类型进行细分之后，即OPINION分别取值0、1、2和3（分别代表四种不同的审计意见类型），OPINION的回归系数仍在1%的水平上显著为负，这与前文结果基本一致。

其次，根据表4-7稳健性测试（2）的模型（2）的回归结果可以看出：第一步，在全样本视角下，OPINION与CHG_CPA显著负相关、TENURE与CHG_CPA显著正相关，这与前文研究结果基本一致；在根据TENURE的取值进行分组检验后，无论是在TENURE<3样本组还是TENURE≥3样本组，OPINION的回归系数均显著为负；第二步，根据OPINION的取值进行分组检验后，只有当OPINION=0时（标准意见组），TENURE的回归系数显著为正，而当OPINION=1时（非标准意见组），TENURE的回归系数为正但不显著，这表明当签字注册会计师在流

动之前年度为客户出具了非标准审计意见，则客户追随其“共进退”的可能不大，这与前文研究结论相吻合。

综上所述，本研究关于换“所”不换“师”式变更动因分析的结论是比较稳健的，即签字注册会计师与客户管理层之间的私人关系，以及他为客户出具标准的审计意见是“客随师走”的重要原因。

表4-7　**稳健性测试结果**

稳健性测试(1)	检验模型(1)		
	回归1	回归2	回归3
(Constant)	-3.831 (2.072)	-4.901* (2.725)	-6.909** (4.639)
OPINION	-0.786 (2.641)	-0.833* (2.883)	-0.822* (2.730)
LNASSET	0.111 (0.823)	0.167 (1.474)	0.240 (2.683)
EPS	1.074** (10.737)	0.978*** (8.297)	1.041*** (8.407)
CONCURRENT	0.202 (0.246)	0.106 (0.061)	0.149 (0.116)
LN(BS)	-0.431 (0.503)	-0.244 (0.143)	-0.311 (0.234)
BIG4	-2.658** (5.400)	-2.512** (5.105)	-2.555** (5.160)
INDUSTRY	—	控制	控制
YEAR	—	—	控制
R^2	0.092	0.162	0.201
观测值	790	790	790

注：***、**和*分别表示在1%，5%和10%水平上统计显著；括号内为wals值。

续表

稳健性测试(2) 样本区间 1998—2003	模型(1)第一步:OPINION 取值 0 和 1		
	回归 1	回归 2	回归 3
(Constant)	-1.021 (-0.39)	-1.167 (-0.41)	-0.262 (-0.09)
OPINION	-1.189 *** (-3.44)	-1.168 *** (-3.33)	-1.179 *** (-3.32)
LNASSET	-0.004 (-0.03)	-0.019 (-0.14)	-0.108 (-0.74)
DEBT	-0.638 (-0.99)	-0.572 (-0.82)	-0.404 (-0.58)
LOSS	0.287 (0.67)	0.249 (0.56)	0.100 (0.22)
ROA	5.154 ** (2.26)	5.182 ** (2.23)	6.121 ** (2.46)
CANCEL	0.005 (0.02)	0.028 (0.12)	0.066 (0.23)
BIG5	0.875 ** (2.39)	0.713 (1.84)	0.823 (1.92)
INDUSTRY	—	控制	控制
YEAR	—	—	控制
R^2	0.089	0.113	0.127
观测值	622	622	622

续表

稳健性测试(2) 样本区间1998—2003	模型(1)第二步:OPINION取值细分为0、1、2和3		
	回归1	回归2	回归3
(Constant)	-1.399 (-0.54)	-1.514 (-0.53)	-0.617 (-0.21)
OPINION	-0.606 *** (-2.81)	-0.588 *** (-2.70)	-0.590 *** (-2.67)
LNASSET	0.012 (0.09)	-0.004 (-0.03)	-0.092 (-0.63)
DEBT	-0.668 (-1.03)	-0.576 (-0.82)	-0.400 (-0.57)
LOSS	0.244 (0.57)	0.206 (0.47)	0.048 (0.11)
ROA	5.414 ** (2.37)	5.487 ** (2.35)	6.469 ** (2.59)
CANCEL	0.007 (0.03)	0.024 (0.10)	0.061 (0.22)
BIG5	0.907 (2.47)	0.761 ** (1.97)	0.869 ** (2.02)
INDUSTRY	—	控制	控制
YEAR	—	—	控制
R^2	0.081	0.106	0.120
观测值	622	622	622

续表

稳健性测试(2) 样本区间 1998—2003	模型(2)第一步:条件分组检验(TENURE)		
	全样本	TENURE<3	TENURE≥3
(Constant)	-0.347 (-0.12)	1.032 (0.20)	-2.875 (-0.70)
OPINION	-1.19 *** (-3.33)	-1.046 * (-1.84)	-1.693 *** (-3.23)
TENURE	0.112 * (1.85)	—	—
LNASSET	-0.126 (-0.87)	-0.128 (-0.52)	0.030 (0.15)
DEBT	-0.469 (-0.66)	-0.279 (-0.26)	-1.101 (-1.04)
LOSS	0.160 (0.35)	0.261 (0.39)	0.562 (0.81)
ROA	6.176 ** (2.50)	9.961 ** (2.31)	2.599 (0.87)
CANCEL	0.074 (0.26)	0.858* (1.76)	-0.362 (-0.88)
BIG5	0.933 ** (2.14)	0.174 (0.27)	1.435 * (1.95)
INDUSTRY	控制	控制	控制
YEAR	控制	控制	控制
Adj R^2	0.132	0.206	0.155
观测值	622	294	328

续表

稳健性测试(2) 样本区间1998—2003	模型(2)第二步:条件分组检验(OPINION)		
	全样本	OPINION=0	OPINION=1
(Constant)	-0.347 (-0.12)	2.162 (0.68)	-18.164 ** (-1.97)
OPINION	-1.19 *** (-3.33)	—	—
TENURE	0.112 * (1.85)	0.119 * (1.78)	0.123 (0.79)
LNASSET	-0.126 (-0.87)	-0.253 (-1.60)	0.726 (1.64)
DEBT	-0.469 (-0.66)	-0.49 (-0.61)	-0.450 (-0.27)
LOSS	0.160 (0.35)	0.018 (0.03)	1.043 (1.22)
ROA	6.176 ** (2.50)	5.849 ** (1.97)	11.263 (1.89)
CANCEL	0.074 (0.26)	0.111 (0.36)	0.358 (0.53)
BIG5	0.933 ** (2.14)	1.069 ** (2.28)	0.629 (0.47)
INDUSTRY	控制	控制	—
YEAR	控制	控制	—
Adj R^2	0.132	0.111	0.131
观测值	622	430	192

注：***、**和*分别表示在1%，5%和10%水平上统计显著；括号内为Z值。

4.5 本章小结

本章选取1998—2011年我国A股市场上发生会计师事务所变更的上市公司为样本，以签字注册会计师流动是否带走客户为切入点，从审计意见需求及人际关系作用的视角，分析“客随师走”而形成的换“所”不换“师”式变更现象产生的内在动因。

本章实证研究结果显示：整体而言，获取标准审计意见是客户追随签字注册会计师跳槽的重要动机之一；进一步地，签字注册会计师在发生流动之前的审计任期越长，他们与客户之间的个人关系通常也越密切，就越可能发生“客随师走”的现象。然而，当审计任期超过一定阀值时，审计意见对“客随师走”的影响有所削减，但这一现象在“强制审计轮换制度”实施（以2004年为界点）前后有所差异。不可忽略的是，若签字注册会计师在流动之前的上一年度为客户出具了“不利”的非标准审计意见，即使他们与客户之间的个人关系再为密切，客户也不大可能追随其“同步流动”。据此，我们或许可以推测，签字注册会计师与客户管理层之间的个人关系可以由工具性关系转化为混合性关系，但难以再进一步提升转化为较为牢固的情感性关系。因为，客户追随签字注册会计师“共进退”的最终目的无外乎是经济利益，期望获取标准审计意见就是客户管理层“追随”动机最明显、最直接的体现。

总之，本章关于客户追随签字注册会计师“共进退”而形成的换“所”不换“师”式变更行为动因的理论分析与实证研究，从人际关系理论的视角丰富了会计师事务所变更问题的相关文献研究，这有助于社会公众、市场投资者和证券监管部门深入解读会计师事务所变更事项，尤其是“客随师走”的特殊变更行为，为市场参与者的相关决策制定提供可借鉴的经验证据。但囿于研究样本和研究功底，本章实证研究尚存在的不足之处在于：会计师事务所的整体特征或签字注册会计师的个人特征是否也存在换“所”不换“师”现象的重要影响因素，这有待学者的进一步研究。

第 5 章

换“所”不换“师”式变更对审计质量影响的实证研究

5.1 引言

上市公司变更会计师事务所，一直是世界各国（或地区）证券监管部门与会计学术界普遍关注和研究的热点问题。美国证券交易委员会（SEC）为了限制管理层通过频繁更换会计师事务所以达到财务报告造假的目的，规定上市公司在更换会计师事务所时，必须在8—K格式报告中说明会计师事务所变更的相关事宜。我国财政部和证监会也出台了一系列的法规政策要求上市公司在变更会计师事务所时，编制重大事件公告书向社会公众披露变更具体情况，必要时需说明更换原因，并报证监会和中注协备案。

在学术研究领域，国内、外学者对会计师事务所变更问题进行了一系列的理论分析与实证检验，并取得了丰硕的研究成果。然而，通过文献梳理我们发现，此类研究大都着眼于会计师事务所或签字注册会计师个人的单一视角，罕有同时考虑这二者之间的关联变更情况。值得注意的是，在我国审计市场上，一些上市公司在更换会计师事务所时，选择追随签字注册会计师流动并改聘其“新东家”，这种“业务随人走”形成的换“所”不换“师”现象并不鲜见（刘启亮、唐建新，2009；Chen，Su and Wu，

2009)。据初步统计数据和相关资料显示，在1998—2003年期间发生会计师事务所变更的所有上市公司案例中，有130余家公司选择与签字注册会计师“共进退”并形成换“所”不换“师”式变更现象。在我国传统文化十分重视个人关系的氛围下，这种特殊的变更形式理应承载着独特的信息含义并反映了特殊的人际关系，而且会产生某些特定的经济后果。遗憾的是，目前国内关于换“所”不换“师”式变更的文献研究十分少见，仅有个别学者从案例或规范分析的角度进行了初步的分析与探讨，[①]少有利用我国审计市场的经验数据进行实证分析的相关文献，这为本研究提供了良好的契机。

鉴于此，本章选取1998—2011年我国沪、深两市的上市公司为样本，基于签字注册会计师个人流动的视角，对会计师事务所变更的具体形式进行细分，同时考虑会计师事务所和签字注册会计师双方力量因素对审计质量可能产生的联合效应。本研究可能的贡献在于：与Chen，Su and Wu（2009）及Chen，Liu，Su and Wu（2009）[②]侧重会计师事务所变更前后年度审计质量的研究有所不同，本研究考虑并细分会计师事务所变更的具体类型，横向比较换“所”不换“师”式变更与其他形式的变更对审计质量产生的差异化影响，纵向分析在这种特殊变更形式下“人情补偿”机制的权衡与选择，从人际关系理论的视角丰富了会计师事务所变更问题的相关文献研究。此外，本研究应有助于投资者和监管部门甄别会计师事务所变更的形式与实质，为审计监管政策的制定和实施提供可借鉴的经验证据。

本章后续安排如下：第二部分是在文献回顾的基础上，结合我国审计市场的特征，对本章的研究问题进行理论分析并提出研究假设；第三部分是研究设计；第四部分是实证分析；第五部分是进一步测试；第六部分是

---

① 刘峰等（2002）、王英姿和陈信元（2004）依据个别案例分析了随签字注册会计师跳槽而相应变更会计师事务所的现象；刘启亮（2009）从私人关系的视角实证分析了审计师任期与审计质量的关系，但没有分析这种特殊形式变更本身对审计质量的影响；谢盛纹和闫焕民（2012）规范分析了换“所”不换“师”式变更的动因及其经济后果。

② Chen，Su and Wu（2009）利用中天勤等8家被暂停或终止审计业务资格的会计师事务所审计的客户为样本，分析这种在强制性会计师事务所变更情形下哪类客户更可能追随签字注册会计师跳槽以及后续审计期间的盈余管理行为；Chen，Liu，Su and Wu（2009）则以自愿变更会计师事务所的公司为样本，分析签字注册会计师对其带走的原有客户在审计调整或应计利润等方面的“优待”行为，但未充分考虑这种换“所”不换“师”式变更与所有其他形式变更的差异，以及我国审计市场中的“签字注册会计师五年强制轮换制度”在这一方面的作用效果。

稳健性测试；最后是本章的研究结论。

5.2 理论分析与研究假说

众所周知，审计质量是注册会计师发现并披露财务报表重大错报的联合概率，其中，能否发现上市公司财务报表中存在的问题主要取决于注册会计师的专业胜任能力，是否披露这些问题则主要取决于注册会计师的独立性。一般而言，在上市公司更换会计师事务所之后，前、后任注册会计师的专业胜任能力和独立性均不相同，因而他们所提供的审计服务的质量自然也有所差异。

国内、外诸多学者就会计师事务所变更对审计质量产生的影响，采用众多方法进行了研究，但结论不一，主要可以归集为三类：一是在上市公司变更会计师事务所之后，审计质量下降，如Mangold（1988）、刘伟和刘星（2007）等研究结论均支持这一观点；二是在上市公司变更会计师事务所之后，审计质量没有下降，或有助于审计质量的提高，如Defond and Subramanyam（1998）、Davidson，Jiraporn and DaDalt（2006）、储一昀和王妍玲（2007）等研究结论均支持这一观点；三是会计师事务所变更与审计质量之间的相关关系可能会受到公司治理结构、更换时机等因素制约，而不是单纯的正相关或负相关关系，如王合喜、胡伟和康自强（2004）、赵劼和钱程（2008）、王宏宇和宋艳（2009）都属于此类研究。我们认为，此类研究始终没有得出一致性结论的原因可能是制度背景、研究时点或样本选取有所差异，也许会计师事务所变更的形式及诱因会影响变更与审计质量之间的相关关系。本章将从签字注册会计师个体流动的角度，重新划分会计师事务所变更的形式，参照“人际关系理论”就会计师事务所变更对审计质量的影响进行逻辑推理与分析，并提出相应的研究假说。

5.2.1 换“所”不换“师”式变更对审计质量的影响

根据Mayo提出的“人际关系理论”，人们在日常生活中是以“社会人”而存在，人与人之间的社会关系会影响生活的各个方面。在我国关系色彩十分浓厚的社会环境下，人际关系在生活交往中的作用至关重要。就审计而言，财务报告是由签字注册会计师审查并签发审计报告，上市公司与会计师事务所之间的接触也主要是通过管理层与签字注册会计师之间的沟通完成的。于是，他们在审计与被审计过程中逐步建立了一种人际关系，这种人际关系通常包含了“公”与“私”两种成分，其中，“公”的成分主要来源于工作本身，而“私”的成分主要来源于工作交流之外的情感因素。根据黄光国（2006）提出的“人情与面子的理论模式”，人际关系可以分为三种：情感性关系、工具性关系和混合性关系。就其本质而言，三种关系都是由工具性关系成分和情感性关系成分构成的，但构成比例不大相同。在审计服务过程中，签字注册会计师与客户管理层之间的人际关系最初表现为一种工具性关系，是基于工作交流而建立的“公”的关系。

当签字注册会计师从一家会计师事务所流动到另外一家会计师事务所时，由他们提供审计服务的客户面临三种选择：一是继续聘用原会计师事务所，此时，客户管理层与签字注册会计师个人之间的工具性关系“终结”，但客户与原会计师事务所之间的审计关系依然存在；二是追随签字注册会计师流动并改聘其“新东家”，此时，客户与原会计师事务所之间的审计关系已经“终结”，但客户管理层与签字注册会计师个人之间的人际关系依然存在，而且，“公”与“私”成分的构成比例会有所改变，之前的工具性关系也会随之发生变化，并有可能逐步演变为混合性关系，甚至情感性关系；三是改聘一家与前任签字注册会计师没有直接关联的会计师事务所，此时，客户与会计师事务所之间的审计关系、管理层与签字注册会计师个人之间的工具性关系均已“终结”。值得注意的是，若被审计单位选择与签字注册会计师“共进退”并改聘其“新东家”，从而形成了换“所”不换“师”的特殊变更现象，这可能意味着签字注册会计师个人与被审计单位管理层之间存在着某种超出普通“工具性关系”的特定的人际关系，这种人际关系所包含的个人之间的“私”的情感性成分显然相对较高，本研究将其界定为私人关系。[①]私人关系的存在及延续无疑会对签字注册会计师的审计独立性产生一定的影响。

---

① 本研究中的“私人关系”与刘启亮（2009）中的“私人关系”概念有所不同，后者的界定标准是签字注册会计师的任期大于其所在会计师事务所的任期，但这两个“任期”的计算有其特定的方法，包含一定的主观判断成分。

一般而言，审计独立性分为形式上的独立性和实质上的独立性，而且审计人员保持实质上的独立性比仅在形式上的独立性更为重要。在换“所”不换“师”式变更下，从表面上看，会计师事务所与客户之间不存在直接的雇佣关系或股权利益关系，在形式上是相对独立的。然而，在实质上，客户之所以选择追随签字注册会计师跳槽，很可能是因为客户管理层与签字注册会计师之间存在的私人关系，并期望通过这种特殊人际关系的维系与延续，获得某些特定的利益诉求，比如签字注册会计师在盈余管理或审计意见方面的配合等。因此，由于私人关系的存在，签字注册会计师很难保证不遭受个人情感因素的约束和干扰，难以在精神上保持客观正直、判断上不偏不倚，即签字注册会计师在实质上并非完全独立。签字注册会计师在实质上的非独立性状态，会导致他们无意识地提高对客户管理层的信任程度，或有意降低客户风险水平，采取较为宽松的审计策略，执行的审计程序不充分或不恰当，比如过于信赖管理层所提供的口头证据，减少对客户财务会计制度和内部控制的了解，怠于执行有效的替代审计程序，从而影响签字注册会计师专业胜任能力的发挥，难以发现在客户的财务报表中可能存在的重大错报或盈余管理行为。其次，在审计服务过程中，签字注册会计师与客户管理层之间人际关系的维系需要双方的共同努力及人力、物力和财力的付出，这些努力和付出一旦形成，很难改作他用或者转嫁成本很高，这一牵制作用无疑会对签字注册会计师的独立性产生一定的“负效应”，比如可能放弃本应恪守的独立性原则，允许甚至帮助客户进行盈余管理等。由此我们可以推知，换“所”不换“师”式变更会导致审计质量下降。

但在另一方面，签字注册会计师继续为“老客户”提供审计服务，他们相比其他注册会计师更加了解客户的经营状况及会计核算方法，更易发现在客户的财务报表中可能存在的错报或舞弊，而且能够促进签字注册会计师对客户所在行业的专业化投资，有利于“干中学”（learning by doing）效应的发挥，即换“所”不换“师”式变更会对签字注册会计师专业胜任能力产生“正效应”。其次，客户追随签字注册会计师“跳槽”，继任会计师事务所出于对自身行业声誉的维护，会格外关注这种特殊的变更行为，关注签字注册会计师与客户管理层之间的特殊人际关系，要求该签字注册会计师恪守职业规范，保持应有的谨慎性和独立性，制订合理的审计计划，执行充分的审计程序，以确保审计质量；或者在变更当年仅允许该注册会计师参与此客户的审计业务但不赋予其签字权，以减少或避免因私人关系的存在而对审计质量造成的负面影响。再者，换“所”不换“师”式变更可能引起证券市场上现有或潜在投资者的关注，人们会主动探究其背后隐藏的经济利益关系本质及其可能产生的经济后果。此时，签字注册会计师面临两种选择：一是选择与“老客户”继续合谋，而对“新东家”的独立性“规训”置之不理，以前年度可能存在的或当期正在进行的合谋行为也很可能因此败露，若真如此，轻则被“新东家”开除，重则会遭受监管部门的严厉处罚；二是选择遵循“新东家”的“规训”并取得其信任，以期望在其他方面或后续期间内满足“老客户”的特定诉求。在此博弈过程中，为满足自身的长期效用最大化，签字注册会计师和客户管理层在盈余管理方面的双赢策略也有可能是暂时减少合谋。从这一角度来看，换“所”不换“师”式变更又有可能导致审计质量的提高。

基于上述分析，本章提出以下两个竞争性假设：

假设1a：在其他条件相同情况下，换“所”不换“师”式变更与审计质量呈负相关关系；

假设1b：在其他条件相同情况下，换“所”不换“师”式变更与审计质量呈正相关关系。

5.2.2 私人关系密切程度对审计质量的影响

上述分析及将要检验的假设，虽然同时考虑了会计师事务所与签字注册会计师两个方面的因素，考察换“所”不换“师”式变更对审计质量可能产生的影响。但未单独考察在换“所”不换“师”式变更的既定条件下，签字注册会计师个人与客户管理层之间的私人关系本身的亲密程度对审计质量的影响。本章利用签字注册会计师在换“所”不换“师”式变更前的审计任期，对这种关系的密切程度进行度量。在换“所”不换“师”式变更情况下，签字注册会计师在重视他们与“新东家”之间的雇佣关系的同时，也会充分兼顾他们与“老客户”管理层人员之间的私人关系。通常，签字注册会计师在会计师事务所变更之前对“老客户”的审计任期越长，私人关系往往越密切，有意满足客户特定利益诉求的心理可能越强，对其独立性的损害越大，从而导致审计质量越差。基于上述分析，提出本章的假设2：

在换“所”不换“师”式变更下，签字注册会计师在变更前的审计任期与审计质量负相关。

5.3 研究设计

5.3.1 数据来源与样本选取

本章选取1998—2011年我国沪、深两市的上市公司作为初始研究样本，考虑到我国证监会及财政部于2004年开始施行的“签字注册会计师五年强制轮换制度”（简称“强制轮换制度”）可能产生的影响，[①]故采用1998—2003年的样本作为本章研究的主测试检验样本，以避免“强制轮换制度”对私人关系效应发挥的影响；然后，在稳健性测试部分，选取样本区间为2004—2011年。样本公司主要财务数据来源为CSMAR数据库和Wind数据库。其中，上市公司变更会计师事务所、签字注册会计师流动情况以及换“所”不换“师”式变更等数据是严格依据数据库相关信息、上市公司年报、中国证监会和中国注册会计师协会披露的关于会计师事务所及注册会计师的相关统计信息，进行手工搜集和整理的结果。

在初始研究样本的基础上，遵照学者的研究惯例，我们剔除了行业性质较为特殊的金融保险类上市公司、剔除了主要财务数据缺失或存在极端异常值的上市公司，最终获得主测试研究样本观测值为5 287个，其中会计师事务所变更样本为575个；发生签字注册会计师流动的样本观测值为261个，其中，客户追随签字注册会计师流动而形成的换“所”不换“师”式变更样本观测值为118个，具体的样本筛选过程及样本分类见表

① “签字注册会计师五年强制轮换制度”可能产生的影响体现在：在被审计单位追随签字注册会计师“同步流动”之前，若该签字注册会计师已经连续对其审计且签字年数较多（比如接近5年），那就意味着在“同步流动”之后，签字注册会计师很快需要进行强制轮换且至少经过两年的“冷却期”，方可继续对客户进行审计签字，这种审计委托关系的“暂时中断”甚至是“终断”，可能会影响客户管理层与签字注册会计师之间的个人关系的效用发挥。

5-1，样本的行业及年度分布状况见表5-2和表5-3。

表5-1　　**样本筛选过程及样本分类**

Panel A：样本筛选过程　　单位：个

主测试:1998—2003年	全样本	变更样本	换“所”不换“师”
上市公司观测值总数	6 004	682	133
减:金融保险类上市公司	33	2	0
数据缺失	636	83	13
极端异常值	48	22	2
最终样本观测值数量	5 287	575	118

Panel A：会计师事务所变更样本分类

CPA / 会计师事务所变更	CPA未流动	CPA流动	
		不带走客户	带走客户(换“所”不换“师”)
分类1	OTHER_C&NC	NCHG_CPA	CHG_CPA
分类2	OTHER_C		CHG_CPA

表5-2　　**样本的行业分布情况**　　数量单位：个

类别	全样本		变更样本		换“所”不换“师”	
行业	数量	比重	数量	比重	数量	比重
农、林、牧、渔业	86	1.63%	13	2.26%	2	1.69%
采掘业	50	0.95%	5	0.87%	1	0.85%
制造业	2 881	54.49%	295	51.30%	67	56.78%
电力、煤气及水生产和供应业	210	3.97%	12	2.09%	5	4.24%
建筑业	79	1.49%	12	2.09%	2	1.69%
交通运输、仓储业	186	3.52%	22	3.83%	6	5.08%
信息技术业	309	5.84%	42	7.30%	8	6.78%
批发和零售贸易业	420	7.94%	35	6.09%	9	7.63%
房地产业	210	3.97%	28	4.87%	2	1.69%
社会服务业	166	3.14%	10	1.74%	2	1.69%
传播与文化产业	42	0.79%	6	1.04%	2	1.69%
综合类	648	12.27%	95	16.52%	12	10.19%
合计	5 287	100%	575	100%	118	100%

表5-3　**样本的年度分布情况**　单位：个

类别	全样本		变更样本		换“所”不换“师”（审计任期）	
年度	会计师事务所未变更	会计师事务所变更	OTHER_C	CHG_CPA	1～3年	≥4年
1998	667	58	48	10	5	5
1999	780	53	46	7	1	6
2000	828	90	72	18	7	11
2001	667	200	156	44	29	15
2002	846	96	76	20	18	2
2003	924	78	59	19	10	9
合计	4 712	575	457	118	70	48

5.3.2　变量设定与模型设计

1）变量设定

根据本章的研究目标及内容，选取的研究变量及其说明如下：

（1）审计质量（|DA|）

本章借鉴Dechow等（1995）的修正Jones截面模型来计算上市公司的可操纵性应计，再以可操纵性应计的绝对值作为审计质量的替代度量。

（2）换“所”不换“师”式变更（CHG_CPA）

上市公司在更换会计师事务所时，若选择追随签字注册会计师流动并改聘“新东家”，这种“共进退”式变更即为换“所”不换“师”式变更，属于此类变更则取值为1，否则取值为0。

（3）私人关系的密切程度（TENURE）

本章采用换“所”不换“师”式变更下的签字注册会计师任期作为私人关系的密切程度的替代度量。在换“所”不换“师”式变更情况下，签字注册会计师任期是指在换“所”不换“师”式变更下，带走客户的签字注册会计师在流动之前对该客户的审计任期，若两位签字注册会计师同时流动并带走客户，则选择二者任期中的较长者。

（4）其他变量

在研究模型设计中，根据研究目标并借鉴王英姿和陈信元（2004）等研究经验，对上市公司规模、会计师事务所类型、年度和行业等因素加以控制，各变量的定义及计算方法详见表5-4。

表5-4 **变量说明**

变量	变量名称	变量符号	变量说明
因变量	审计质量	|DA|	审计质量：可操纵性应计绝对值
检验变量	换“所”不换“师”式变更	CHG_CPA	签字注册会计师流动并带走客户的变更，即换“所”不换“师”式变更，前已叙及，不再赘述
	私人关系的密切程度	TENURE	签字注册会计师任期，前已叙及，不再赘述
	签字注册会计师流动但未带走客户的变更	NCHG_CPA	签字注册会计师流动但未带走客户的变更取值为1，否则取值为0
	非“签字注册会计师流动导致的变更”	OTHER_C&NC	除CHG_CPA、NCHG_CPA之外的变更取值为1，否则取值为0
	换“所”不换“师”之外的变更	OTHER_C	除CHG_CPA之外的变更取值为1，否则取值为0
控制变量	公司规模	LNASSET	总资产的自然对数
	财务状况	LEV	负债与总资产的比值
	现金流量	CFO	经营现金净流量与总资产的比值
	国际“五大或四大”	BIG5/4	由国际“五大或四大”会计师事务所审计的上市公司取值为1，否则取值为0
	应收账款比例	RECV	应收账款与总资产的比值
	存货比例	INV	存货与总资产的比值
	是否ST	ST	属于ST类为1，否则为0
	总资产报酬率	ROA	净利润与总资产的比值
	托宾Q值	T-Q	市场价值与期末总资产的比值
	年度变量	YEAR	虚拟变量，区分年度
	行业变量	INDUSTRY	虚拟变量，区分行业

2）模型设计

（1）为了检验换“所”不换“师”式变更对审计质量产生的影响，本章借鉴Subramanyam（1996）、刘启亮（2009）等研究经验，结合我国审计市场特征，基于全样本建立模型（5-1）：

$$
\begin{aligned}
|DA_{it}| = & b_0 + b_1 CHG\_CPA_{it} + b_2 OTHER\_C_{it} + b_3 LNASSET_{it} + b_4 LEV_{it} + b_5 CFO_{it} \\
& + b_6 BIG5/4_{it} + b_7 RECV_{it} + b_8 INV_{it} + b_9 ST_{it} + b_{10} ROA_{it} + b_{11} T-Q_{it} + b_{12} YEAR \\
& + b_{13} INDUSTRY + \varepsilon
\end{aligned} \quad (5-1)
$$

其中，被解释变量|DA|表示可操纵性应计绝对值，作为审计质量的替代度量；主要解释变量CHG_CPA表示换“所”不换“师”式变更，若是则取值为1，否则取值为0；OTHER_C表示除换“所”不换“师”式变更之外的会计师事务所变更，若是则取值为1，否则取值为0。

（2）为了进一步考察换“所”不换“师”式变更对审计质量产生的影响，我们对会计师事务所的变更类型做进一步细分：签字注册会计师流动并带走客户形成的换“所”不换“师”式变更（CHG_CPA）、签字注册会计师流动但没有带走客户的变更（NCHG_CPA），除上述两种变更之外的其他形式的变更（OTHER_C&NC），并基于全样本建立模型（5-2）：

$$
\begin{aligned}
|DA_{it}| = & b_0 + b_1 CHG\_CPA_{it} + b_2 NCHG\_CPA_{it} + b_3 OTHER\_C\&NC_{it} + b_4 LNASSET_{it} \\
& + b_5 LEV_{it} + b_6 CFO_{it} + b_7 BIG5/4_{it} + b_8 RECV_{it} + b_9 INV_{it} + b_{10} ST_{it} + b_{11} ROA_{it} \\
& + b_{12} T-Q_{it} + b_{13} YEAR + b_{14} INDUSTRY + \varepsilon
\end{aligned} \quad (5-2)
$$

其中，被解释变量|DA|表示可操纵性应计绝对值，作为审计质量的替代度量；主要解释变量CHG_CPA表示换“所”不换“师”式变更，其他相关变量见表5-4。

（3）为了考察签字注册会计师流动是否带走客户对审计质量产生的差异化影响，我们将CHG_CPA作为检验组，将NCHG_CPA作为对照组，基于检验组和对照组子样本进行初步检验；然后，按照“所属行业相同”、“公司规模相近”的标准，将CHG_CPA与NCHG_CPA两组样本进行配对，做进一步检验，并建立模型（5-3）：

$$
\begin{aligned}
|DA_{it}| = & b_0 + b_1 CHG\_CPA_{it} + b_2 LNASSET_{it} + b_3 LEV_{it} + b_4 CFO_{it} + b_5 BIG5/4_{it} \\
& + b_6 RECV_{it} + b_7 INV_{it} + b_8 ST_{it} + b_9 ROA_{it} + b_{10} T-Q_{it} + b_{11} YEAR + \\
& + b_{12} INDUSTRY + \varepsilon
\end{aligned} \quad (5-3)
$$

其中，被解释变量|DA|表示可操纵性应计绝对值，作为审计质量的替代度量；主要解释变量CHG_CPA表示换“所”不换“师”式变更，其他相关变量见表5-4。

（4）为了检验在换“所”不换“师”式变更情况下，私人关系的密切程度对审计质量产生的影响，我们建立模型（5-4）：

$$|DA_{it}| = b_0 + b_1TENURE + b_2LNASSET_{it} + b_3LEV_{it} + b_4CFO_{it} + b_5BIG5/4_{it} + b_6RECV_{it} + b_7INV_{it} + b_8ST_{it} + b_9ROA_{it} + b_{10}T-Q_{it} + b_{11}YEAR + b_{12}INDUSTRY + \varepsilon \quad (5-4)$$

其中，被解释变量|DA|表示可操纵性应计绝对值，作为审计质量的替代度量；主要解释变量TENURE表示与客户管理层之间存在私人关系的签字注册会计师在换“所”不换“师”式变更之前的审计任期，作为私人关系密切程度的替代度量，其他相关变量同上。

5.4 实证分析

5.4.1 描述性统计

表5-5报告了研究样本的描述性统计结果。在各样本中，|DA|的均值差异较为明显，其中NCHG_CPA样本、OTHER_C&NC样本|DA|的均值分别约为0.122和0.132，都显著大于CHG_CPA样本|DA|的均值（约为0.068），作为NCHG_CPA样本、OTHER_C&NC样本之和的OTHER_C样本的|DA|的均值（约为0.129）也显著大于CHG_CPA样本|DA|的均值（约为0.068），初步表明我国上市公司更换会计师事务所的具体形式会对以可操纵应计绝对值衡量的审计质量产生差异化影响。此外，从各组样本|DA|的中值及标准差可以看出，可操纵性应计绝对值分布比较合理，公司规模LNASSET的均值和中值都十分接近，说明样本选择比较恰当。其他各控制变量的均值、中值和标准差等指标在各个样本内均无极端异常值，在三组样本之间的分布亦无极端差异，表明研究样本数据来源及分布情况比较合理。

5.4.2 相关性分析

表5-6报告了模型（5-1）至模型（5-4）所涉及的主要变量之间的Pearson相关性检验结果。

表5-5 **描述性统计**

	obs	mean	median	min	max	std
全样本之|DA|	5 287	0.096	0.061	0.000	1.146	0.116
CHG_CPA之|DA|	118	0.068	0.053	0.000	0.334	0.056
NCHG_CPA之|DA|	143	0.122	0.077	0.001	0.973	0.147
OTHER_C&NC之|DA|	314	0.132	0.074	0.000	0.896	0.156
OTHER_C之|DA|	457	0.129	0.076	0.000	0.973	0.153
LNASSET	5 287	20.921	20.861	16.884	26.690	0.904
LEV	5 287	0.493	0.453	0.009	23.799	0.560
CFO	5 287	0.041	0.038	-1.365	0.744	0.087
BIG5/4	5 287	0.097	0.000	0.000	1.000	0.296
RECV	5 287	0.177	0.148	-0.383	0.856	0.133
INV	5 287	0.144	0.114	0.000	0.896	0.129
ST	5 287	0.051	0.000	0.000	1.000	0.220
ROA	5 287	0.008	0.037	13.084	0.377	0.338
T-Q	5 287	1.558	1.372	0.376	16.586	0.730
TENURE	118	3.263	3	1	9	2.186

表 5-6 Pearson 相关系数矩阵

Panel A：模型（5-1）和模型（5-2）

变量	|DA|	CHG_CPA	NCHG_CPA	OTHER-1	OTHER-2	LNASSET	LEV	CFO	BIG5/4	RECV	INV	ST	ROA	T-Q
|DA|i	1													
CHG_CPA	-0.036***	1												
NCHG_CPA	0.038***		1											
OTHER_C	0.087***	-0.046***		1										
OTHER_C&NC	0.078***		-0.042***		1									
LNASSET	-0.196***	0.004	-0.013	-0.072***	-0.077***	1								
LEV	0.172***	-0.014	0.049***	0.103***	0.089***	-0.128***	1							
CFO	-0.124***	0.019	-0.01	-0.046***	-0.047***	0.168***	-0.173***	1						
BIG5/4	-0.056***	0.050***	-0.007	-0.026	-0.026	0.236***	-0.043***	0.080***	1					
RECV	0.081***	-0.013	0.002	0.052***	0.061***	-0.221***	0.112***	-0.310***	-0.133***	1				
INV	0.057***	-0.006	0.034***	0.004	-0.018	0.078***	0.047***	-0.153***	0	-0.072***	1			
ST	0.172***	0	0.02	0.115***	0.123***	-0.192***	0.307***	-0.033*	-0.021	0.104***	-0.001	1		
ROA	-0.260***	0.01	-0.055***	-0.110***	-0.093***	0.174***	-0.640***	0.262***	0.029***	-0.104***	0.018	-0.242***	1	
T-Q	0.215***	-0.002	0.042***	0.092***	0.081***	-0.506***	0.356***	-0.119***	-0.098***	0.118***	-0.082***	0.169***	-0.360***	1

Panel B：模型（5-3）之对照样本组

续表

变量	|DA|	CHG_CPA	N CHG_CPA	LNASSET	LEV	CFO	BIG5/4	REC	INV	ST	ROA	T-Q
|DA|	1											
CHG_CPA	-0.227***	1										
NCHG_CPA	0.227***		1									
LNASSET	-0.303***	0.05	-0.05	1								
LEV	0.500***	-0.119	0.119	-0.268***	1							
CFO	-0.049	0.106	-0.106	0.158**	-0.081	1						
BIG5/4	-0.107	0.162***	-0.162***	0.257***	-0.056	0.028	1					
RECV	0.217***	-0.053	0.053	-0.287***	0.137*	-0.284***	-0.202***	1				
INV	0.049	-0.115	0.115	0.157**	-0.035	-0.144**	0.041	-0.111	1			
ST	0.213***	-0.053	0.053	-0.191***	0.365***	-0.062	-0.013	0.184***	0.129**	1		
ROA	-0.542***	0.08	-0.08	0.268***	-0.900***	0.087	0.039	-0.063	0.071	-0.254***	1	
T-Q	0.419***	-0.119	0.119	-0.601***	0.571***	-0.102	-0.105	0.299***	-0.159**	0.217***	-0.444***	1

Panel C：模型（5-3）之配对样本组

续表

变量	|DA|	CHG_CPA	N CHG_CPA	LNASSET	LEV	CFO	BIG5/4	REC	INV	ST	ROA	T-Q
|DA|	1											
CHG_CPA	-0.265 ***	1										
N CHG_CPA	0.265 ***		1									
LNASSET	-0.240 ***	-0.028	0.028	1								
LEV	0.423 ***	-0.148 **	0.148 **	0.066	1							
CFO	0.013	0.031	-0.031	0.119	-0.035	1						
BIG5/4	-0.121	0.157 **	-0.157 **	0.200 ***	-0.087	0.032	1					
RECV	0.214 ***	-0.053	0.053	-0.232 ***	0.240 ***	-0.316 ***	-0.191 ***	1				
INV	0.085	-0.046	0.046	0.109	0.225 ***	-0.02	0	-0.086	1			
ST	0.104	-0.021	0.021	-0.081	0.180 ***	-0.027	0.032	0.118	0.181 ***	1		
ROA	-0.528 ***	0.127	-0.127	0.179 ***	-0.616 ***	0.189 ***	0.07	-0.255 ***	0.016	-0.006	1	
T-Q	0.345 ***	-0.063	0.063	-0.580 ***	0.091	-0.04	-0.083	0.271 ***	-0.145 **	0.011	-0.315 ***	1

Panel D：模型（5-4）

续表

变量	|DA|	TENURE	LNASSET	LEV	CFO	BIG5/4	REC	INV	ST	ROA	T-Q
|DA|	1										
TENURE	0.271***	1									
LNASSET	-0.203**	0.108	1								
LEV	0.079	-0.076	0.041	1							
CFO	0.17	0.187**	0.256***	-0.105	1						
BIG5/4	-0.202**	-0.168	0.313***	-0.051	-0.006	1					
RECV	0.048	0.025	-0.311***	0.362***	-0.313***	-0.240***	1				
INV	-0.014	0.052	0.02	0.332***	-0.186**	-0.078	0.017	1			
ST	0.015	-0.152	-0.082	0.330***	-0.11	0.081	0.01	0.145	1		
ROA	-0.009	0.098	0.158	-0.318***	0.424***	0.035	-0.209**	-0.291***	-0.06	1	
T-Q	0.105	-0.092	-0.538***	-0.171	-0.029	-0.108	0.107	-0.085	-0.089	0.026	1

注：***、**和*分别表示在0.01、0.05和0.1的水平（双侧）上显著相关。

从Panel A可以看出：首先，|DA|与CHG_CPA呈显著负相关关系，|DA|与NCHG_CPA、OTHER_C、OTHER_C&NC均呈显著正相关关系，初步表明会计师事务所变更的具体形式会对审计质量产生差异化的影响，而且签字注册会计师与被审计单位之间的私人关系促成的换“所”不换“师”式变更会对审计质量产生特定的影响；其次，|DA|与其他各变量之间的相关关系均比较显著，表明变量选取比较恰当；再者，LNASSET、LEV及ST等各个控制变量之间的相关系数都在合理范围之内，这初步表明各控制变量之间不存在严重的多重共线性问题，模型构建比较合理。

从Panel B与Panel C可以看出，在对照样本组和配对样本组中，|DA|与CHG_CPA、NCHG_CPA之间的相关系数均比较显著。从Panel D可以看出，|DA|与TENURE之间显著正相关，初步表明当签字注册会计师个人与被审计单位管理层之间存在私人关系时，他在会计师事务所变更前的审计任期越长，这种特殊的人际关系越密切，签字注册会计师允许甚至帮助被审计单位进行盈余管理的动机可能就越强，可操作性应计绝对值衡量的审计质量也就越差，这与本章研究的假设预期相吻合。

5.4.3 多元回归分析

表5-7列示了模型（5-1）至模型（5-4）的多元线性回归结果。

表5-7 **多元回归结果**

	模型(5-1)	模型(5-2)	模型(5-3)	模型(5-3)	模型(5-4)
常量	0.412***	0.412***	0.338**	0.556***	0.448**
CHG_CPA	-0.020**	-0.020**	-0.039***	-0.038***	
NCHG_CPA		0.019**			
OTHER_C	0.018***				
OTHER_C&N		0.017***			
TENURE					0.007**

续表

	模型(5-1)	模型(5-2)	模型(5-3)	模型(5-3)	模型(5-4)
LNASSET	-0.016 ***	-0.016 ***	-0.016 *	-0.026 ***	-0.022 **
LEV	-0.007 **	-0.007 **	-0.030	0.078 **	0.084 **
CFO	-0.032 *	-0.032 *	0.092(1.066)	0.139(1.624)	0.115(1.148)
BIG5/4	-0.003(-0.627)	-0.003(-0.626)	0.006(0.323)	0.017(0.865)	-0.019
RECV	0.018(1.367)	0.018(1.369)	0.177 ***	0.085(1.426)	-0.092
INV	0.030**	0.030 **	0.183 ***	0.116 *	-0.099
ST	0.049 ***	0.05 ***	0.021	0.026	0.020
ROA	-0.073 ***	-0.073 ***	-0.094 ***	-0.251 ***	0.051
T-Q	0.008 ***	0.008 ***	0.024 **	0.016	0.009
YEAR	控制	控制	控制	控制	控制
INDUSTRY	控制	控制	控制	控制	控制
$R^2(AdjR^2)$	0.164(0.158)	0.164(0.158)	0.491(0.417)	0.518(0.434)	0.428(0.203)
F值	28.622 ***	27.844 ***	6.642 ***	6.176 ***	1.903 ***
观测值	5 287	5 287	261	224	118

注：***、**和*分别表示在0.01、0.05和0.1的水平（双侧）上显著相关。

从整体上看，各个模型的R^2值介于0.164至0.518之间，调整后的R^2值介于0.158至0.434之间，F统计值介于1.903至28.622之间，且在0.01水平上显著，这说明模型结构基本合理，拟合度良好。此外，未在表5-7中列示的各变量的容差值都显著不等于0，且VIF值均比较小，这表明各模型所涉及的变量之间不存在严重的多重共线性问题。各检验模型多元回归结果的具体分析如下：

1）换“所”不换“师”式变更与审计质量

从模型（5-1）、（5-2）的回归结果可以看出，CHG_CPA与|DA|显著负相关，这表明换“所”不换“师”式变更对审计质量产生正效应，假设1b通过检验。关于这一结果，我们可以分别从继任会计师事务所和签字注册会计师的角度予以分析。

首先，从继任会计师事务所的角度，上市公司选择随签字注册会计师

“共进退”，并改聘签字注册会计师的“新东家”，从表面上看来，上市公司与会计师事务所重新构建了一种审计关系（社会关系）；但实质上，上市公司管理层与签字注册会计师个人之间原来的工具性关系却依然维持着，并有可能逐步演变为混合性关系，甚至情感性关系，这种人际关系的维系与演进必定会引起继任会计师事务所的格外关注。继任会计师事务所在已经掌握客户资源的情况下，出于对本所职业声誉的维护，必定会充分考虑新来签字注册会计师与其带来的客户之间存在的特定人际关系背后所隐藏的经济利益关系本质，对签字注册会计师执行审计业务的过程中，给予充分合理的有效性监督和独立性规劝，保证审计策略和业务程序的充分性、恰当性和全面性，减少甚至避免他们与客户之间的进一步严重“合谋”，最终保证审计质量，维护本所的行业声誉。

其次，从签字注册会计师的角度，面临两种关系之间的权衡：一是与“老客户”之间的私人关系；二是与“新东家”之间的雇佣关系。若签字注册会计师选择与客户进行盈余管理方面的“合谋”，满足客户的利益诉求，这样很容易被“新东家”发现，最终导致“合谋”败露，轻则被会计师事务所解雇，重则受到监管部门的严厉处罚；反之，若选择重视与“新东家”之间的雇佣关系，遵从来自会计师事务所的独立性规劝和监督，暂时减少或停止与客户之间在盈余管理方面的“合谋”，这样不仅能够获得会计师事务所的信任，维护其与“新东家”之间的雇佣关系，而且或许可以期望在以后的年度满足客户的特殊利益需求，进而维护其与“老客户”之间的私人关系。从回归结果看来，在换“所”不换“师”式变更的当年，签字注册会计师可能会更加注重他们与继任会计师事务所之间的关系，执行充分恰当的审计策略和程序，以保证审计质量。

在模型（5-1）、（5-2）中，NCHG_CPA、OTHER_C、OTHER_C&NC与|DA|之间均呈现为正相关关系且十分显著，这说明：在非换“所”不换“师”式变更的情况下，上市公司更换会计师事务所的当年，审计质量有所下降。在非换“所”不换“师”式变更的情况下，客户与前任会计师事务所之间的审计业务关系、客户管理层与前任签字注册会计师个人之间的工具性关系都已“终结”，所以，前任会计师事务所及签字注册会计师不会对继任会计师事务所及签字注册会计师产生直接的影

响。继任签字注册会计师在为新客户提供初次审计服务时，对上市公司的内外部环境信息的掌握相对较少，对新客户的风险水平的定位不够准确，制定和实施的审计程序和策略的针对性及全面性相对较差，与前任签字注册会计师相比，继任签字注册会计师的专业胜任能力相对较差。此外，目前我国审计市场具备明显的买方市场特征，会计师事务所为争取有限的客户资源，往往采取“低价揽客”或其他妥协策略，这无疑会对继任会计师事务所及签字注册会计师的审计独立性造成一定的负面影响，从而导致会计师事务所变更当年的审计质量下降。

在模型（5-3）中，无论是对照样本组还是配对样本组，CHG_CPA与|DA|均显著负相关，与模型（5-1）、模型（5-2）的回归结果一致。这进一步表明，签字注册会计师流动并带走客户从而导致的换“所”不换“师”式变更会对审计质量产生非同一般的影响，亟须引起人们的关注。

2）私人关系的密切程度与审计质量

在模型（5-4）中，TENURE与|DA|正相关且比较显著，这表明在换“所”不换“师”式变更下，签字注册会计师个人与客户之间的私人关系越密切，变更当年的审计质量也就越差。关于这一结果，我们可以从以下两个方面予以分析：

首先，签字注册会计师在重视其与“新东家”之间的雇佣关系的同时，也会兼顾个人与“老客户”之间的特殊人际关系（私人关系），而且双方关系天平的倾斜程度取决于私人关系的密切程度，私人关系的密切程度通常又与变更之前的审计任期正相关。从“人情法则”的角度讲，在换“所”不换“师”式变更下，签字注册会计师处于“人情”的“受者”一方，“老客户”处于“施者”一方，欠了对方“人情”就要设法回报，而且欠的越多，预期将来的报答就越多，这是在人际交往中“报之规范”和基本道德规律。签字注册会计师在变更前的审计任期越长，与“老客户”之间的私人关系越密切，其中的情感性色彩也就越浓厚，甚至可能会演变为一种相对稳固的情感性关系，他们设法回报“老客户”的动机就越强烈，就越容易放松甚至纵容“老客户”的盈余管理行为，作为回报“老客户”的“人情”的一种直接方式。

其次，在会计师事务所变更之前，签字注册会计师的审计任期越长，他们个人对客户的关系性投资也越多，所形成的情感关系性资产的专有性也越强，可转嫁性也越差或转嫁成本较高，从而促使他们对这种特殊人际关系的维系，允许甚至帮助客户管理层进行盈余管理的动机可能也就越强，审计质量也就越差，这与“资产专用性”理论解释是相吻合的。

最后，当上市公司追随签字注册会计师流动并改聘其“新东家”时，签字注册会计师个人与公司管理层之间的私人关系已经超出了普通的工具性关系，在连续审计服务过程中，通过对客户经营环境、内部治理结构、经营成果和财务状况等各方面信息的逐步了解，所形成的“干中学”效应会由于私人关系的存在而大打折扣，刘启亮（2009）的实证检验结果也说明了这一点。总之，在换“所”不换“师”式变更下，签字注册会计师个人与客户管理层之间的私人关系本身会对审计质量产生一定程度的负面影响，而且这种私人关系越密切，对审计质量的影响也越大。

从控制变量方面来看，LNASSET与|DA|负相关且十分显著，这说明大公司通常更加注重自身的声誉，投资者和社会公众对大型上市公司的关注相对较多，审计质量相对较高，这与其他学者的研究结论基本一致。在主测试的检验模型中，BIG5/4与|DA|负相关，这说明国际“五大或四大”会计师事务所的审计质量水平相对较高，与研究预期一致。ROA、RECV、INV、ST、T-Q与|DA|之间的相关性在不同模型中有所差异，这可能与各个样本观测值数量及分布状况有关

5.4.4 进一步测试

为深入研究换“所”不换“师”式变更行为对审计质量产生的影响，本章进行了如下五个方面的进一步测试：一是自选择问题；二是随机检验；三是签字注册会计师是否继续审计；四是会计师事务所变更后续年度盈余管理变化：延期补偿；五是业绩匹配|DA|的替代检验。

1）自选择问题

通过文献梳理我们可以发现，以往关于会计师事务所变更与审计质量之相关关系的研究经常忽略一个非常重要的问题：被审计单位特质对会计师事务所的选择及聘任关系的维系所产生的影响。换言之，被审计单位自身特质与会计师事务所的选择或变更之间是交互影响的。已有研究表明，

上市公司变更会计师事务所及签字注册会计师任期会对审计质量产生影响，而上市公司盈余管理水平等自身特质也会影响会计师事务所的变更选择或注册会计师继续委任关系的维系。那么，在本章设计的检验模型中，可操纵性应计绝对值衡量的审计质量与会计师事务所变更、审计质量与签字注册会计师任期之间存在内生性关系，这很可能会导致普通OLS回归模型下所得出的结论存在一定的偏误，无法区分不同客户特质产生的影响。为解决这一问题，本章借鉴Maddala（1983）的自选择模型，将会计师事务所类型作为一项选择变量，它同时影响到会计师事务所变更、签字注册会计师任期及审计质量的估计（谢永明和黄荃，2011）。具体方法是，本章将在普通多元回归模型中加入一个调整项，将内生关系所导致的回归偏误反向调整过来，进一步检验换“所”不换“师”式变更、签字注册会计师任期与审计质量之间的相关关系。

（1）关于换“所”不换“师”式变更与审计质量之相关关系的自选择模型

第一个阶段：运用Probit模型，计算上市公司选择某类会计师事务所的概率估计值，并得到相应的残差值W_1。Probit模型（5-5）如下所示：

$$\begin{aligned} BIG5/4_{it} = {} & b_0 + b_1 CHG\_CPA_{it} + b_2 OTHER\_C_{it} + b_3 LNASSET_{it} + b_4 LEV_{it} + b_5 CFO_{it} \\ & + b_6 RECV_{it} + b_7 INV_{it} + b_8 ST_{it} + b_9 ROA_{it} + b_{10} T-Q_{it} + b_{11} SUB + b_{12} YEAR \\ & + b_{13} INDUSTRY + \varepsilon \end{aligned} \quad (5-5)$$

根据Maddala（1983）、谢永明和黄荃（2011）等文献关于自选择模型的构建方法，在换“所”不换“师”式变更与审计质量的自选择模型的第一个阶段，引入对会计师事务所类型可能有影响的其他变量，故而在模型（5-5）中引入了上市公司的子公司数量变量（SUB），用于衡量被审计单位财务报告审计业务的复杂程度。

第二个阶段：运用模型（5-5）所计算出的残差项W_2代替BIG5/4，重新检验换“所”不换“师”式变更对审计质量产生的影响，建立OLS检验模型（5-6）如下：

$$\begin{aligned} |DA_{it}| = {} & b_0 + b_1 CHG\_CPA_{it} + b_2 OTHER\_C_{it} + b_3 LNASSET_{it} + b_4 LEV_{it} + b_5 CFO_{it} \\ & + b_6 W\_1_{it} + b_7 RECV_{it} + b_8 INV_{it} + b_9 ST_{it} + b_{10} ROA_{it} + b_{11} T-Q_{it} + b_{12} YEAR \\ & + b_{13} INDUSTRY + \varepsilon \end{aligned} \quad (5-6)$$

（2）关于私人关系密切程度对审计质量之影响的自选择模型

第一个阶段：运用Probit模型，计算上市公司选择某类会计师事务所的概率估计值，并得到相应的残差值W_1。Probit模型（5-7）如下所示：

$$
\begin{aligned}
BIG5/4_{it} = {} & b_0 + b_1TENURE_{it} + b_2LNASSET_{it} + b_3LEV_{it} + b_4CFO_{it} + b_5RECV_{it} \\
& + b_6INV_{it} + b_7ST_{it} + b_8ROA_{it} + b_9T - Q_{it} + b_{10}SUB_{it} + b_{11}YEAR \\
& + b_{12}INDUSTRY + \varepsilon
\end{aligned} \tag{5-7}
$$

第二个阶段：运用模型（5-7）所计算出的残差项W_2代替BIG5/4，重新检验在换“所”不换“师”式变更下，私人关系的密切程度（采用签字注册会计师的审计任期作为替代度量）对审计质量产生的具体影响，建立OLS检验模型（5-8）如下：

$$
\begin{aligned}
|DA_{it}| = {} & b_0 + b_1TENURE_{it} + b_2LNASSET_{it} + b_3LEV_{it} + b_4CFO_{it} + b_5W\_2_{it} \\
& + b_6RECV_{it} + b_7INV_{it} + b_8ST_{it} + b_9ROA_{it} + b_{10}T - Q_{it} + b_{11}YEAR \\
& + b_{12}INDUSTRY + \varepsilon
\end{aligned} \tag{5-8}
$$

根据表5-8的多元回归结果可以看出：CHG_CPA与|DA|之间显著负相关，OTHER_C与|DA|之间显著正相关，这表明，在控制了自选择问题后，换“所”不换“师”式变更与可操作性应计绝对值衡量的审计质量依然呈正相关关系，而其他形式的会计师事务所变更与审计质量呈负相关关系，与模型（5-1）的检验结果基本一致；TENURE与|DA|之间仍然显著正相关，表明在控制了自选择问题后，签字注册会计师在换“所”不换“师”式变更前的审计任期越长，他们与客户管理层之间的私人关系越密切，从而导致审计质量也越差，说明本章研究的结论是比较稳健的。

2）随机检验

考虑到在本章研究中换“所”不换“师”式变更样本量较小，为了加强研究结论的可靠性，进行随机样本筛选并做进一步检验，具体方法是利用概率统计方法中的拔靴法（bootstrapping）和削刀法（paring kinfe）。

（1）拔靴法

拔靴法是由Efron在1979年提出的，是指经由资料的重新抽样（re-sampling），借以估计统计量的分配。拔靴法的优点是对原始数据分布特征无严格的限定，只需保证数据分布的真实性和抽样的随机性，即可进行推断分析，而且拔靴法所提供的近似估计比常用的极限估计更为精确，能够增强检验结论的稳定性和可靠性。我们分别基于全样本组和换“所”不换

表5-8　　**进一步测试（1）之回归结果**

	模型(5-6)	模型(5-8)
常量	0.398***(8.486)	0.512**(2.523)
CHG_CPA	-0.017*(-1.659)	
OTHER_C	0.016***(2.994)	
TENURE		0.007**(2.529)
LNASSET	-0.018***(-8.376)	-0.025***(-2.748)
LEV	-0.004(-1.086)	0.082**(2.14)
CFO	-0.038**(-1.989)	0.131(1.318)
RECV	0.006(0.382)	-0.077(-1.117)
INV	0.045***(2.848)	-0.085(-1.139)
ST	0.043***(5.498)	0.017(0.642)
ROA	-0.072***(-12.182)	0.047(0.396)
T-Q	0.001(0.199)	0.007(0.526)
W_1	-0.004**(-2.082)	
W_2		-0.013(-0.786)
YEAR	控制	控制
INDUSTRY	控制	控制
R^2(AdjR^2)	0.165(0.159)	0.422(0.196)
F值	28.753***	1.862**
观测值	5 287	118

注：***、**和*分别表示在0.01、0.05和0.1的水平（双侧）上显著相关。

"师"式变更样本组，采用拔靴法从118个换"所"不换"师"式变更样本观测值中随机抽取100个，分别进行6次随机抽样并生成6个新的子样本，回归结果见表5-9。

（2）削刀法

削刀法是指在有限的样本数据基础上，通过分析样本内部观测值的分布及变化情况，多次随机抽取一定数量的观测值并予以剔除，不断将剩余的观测值重新构成一个新样本，而且新样本数据的分布及变化情况依然能够代表原始样本。削刀法与拔靴法的操作方法有所不同，但基本原理存在异曲同工之处。我们分别基于全样本组和换“所”不换“师”式变更样本组，采用削刀法从118个观测值中随机削掉30个，剩余88个观测值，同时生成6个新样本，回归结果见表5-9。

表5-9　**进一步测试（2）之回归结果**

		拔靴法		削刀法	
		模型(5-1)	模型(5-4)	模型(5-1)	模型(5-4)
Sample1	CHG_CPA	-0.023 ** (-2.147)		-0.021 ** (-1.864)	
	OTHER_C	0.018 *** (3.302)		0.018 *** (3.307)	
	TENURE		0.011 *** (3.539)		0.006 * (1.993)
Sample2	CHG_CPA	-0.024 ** (-2.171)		-0.023 ** (-1.993)	
	OTHER_C	0.015 *** (2.87)		0.018 *** (3.295)	
	TENURE		0.007 ** (2.474)		0.006 * (1.898)
Sample3	CHG_CPA	-0.022 ** (-2.033)		-0.018(-1.596)	
	OTHER_C	0.018 *** (3.288)		0.018 *** (3.308)	
	TENURE		0.006 * (1.794)		0.006 * (1.803)
Sample4	CHG_CPA	-0.020 * (-1.884)		-0.020 * (-1.733)	
	OTHER_C	0.018 *** (3.315)		0.018 *** (3.304)	
	TENURE		0.007 ** (2.493)		0.006(1.55)
Sample5	CHG_CPA	-0.017(-1.606)		-0.019 * (-1.688)	
	OTHER_C	0.018 *** (3.292)		0.018 *** (3.303)	
	TENURE		0.009 *** (2.809)		0.008 ** (2.279)
Sample6	CHG_CPA	-0.022 ** (-2.024)		-0.022 * (-1.925)	
	OTHER_C	0.018 *** (3.305)		0.018 *** (3.301)	
	TENURE		0.006 * (1.921)		0.011 *** (3.42)
YEAR		控制	控制	控制	控制
INDUSTRY		控制	控制	控制	控制
R^2		0.157~0.164	0.454~0.508	0.164	0.468~0.627
$AdjR^2$		0.152~0.158	0.181~0.261	0.158~0.159	0.077~0.331
F值		28.491~31.414	1.663~2.062	28.39~28.514	1.220~2.282
观测值		100	100	88	88

注：***、**和*分别表示在0.01、0.05和0.1的水平（双侧）上显著相关，R^2行内相关数值表示当随机筛选的6组子样本进行多元回归时，R^2值的最小值和最大值，$AdjR^2$、F值行内数值同理。

根据表5-9的多元回归结果可以看出：首先，在经过6次拔靴法和6次削刀法随机获取的新样本中，有5组结果显示CHG_CPA与|DA|显著负相关，有1组结果显示二者负相关但不显著；OTHER_C与|DA|在6组回归结果中均显著正相关；其次，在拔靴法下，6组结果均显示TENURE与|DA|正相关且比较显著，而在削刀法下，有5组结果显示二者显著正相关，有1组结果显示二者正相关但不显著。总体而言，上述结果与本章主测试部分的检验结果基本一致，增强了本章研究结论的稳健性。

3）签字注册会计师是否继续审计

本章统计数据显示，签字注册会计师流动并带着客户投奔其“新东家”之后，大都继续对“老客户”进行审计，而也有部分签字注册会计师可能出于“避嫌”或其他原因，在变更之后未继续对“老客户”进行审计，为考察其中可能存在的差异性，我们将签字注册会计师流动并带走客户且继续对“老客户”进行审计的视为存在私人关系（即CHG_CPA=1）；此时，换“所”不换“师”式变更剩余93个样本观测值，然后做进一步的多元回归分析。表5-10的多元回归结果显示：可操作性应计绝对值（|DA|）作为审计质量的替代度量，换“所”不换“师”式变更（CHG_CPA）的系数依然在10%的水平上显著为负；进一步地，在换“所”不换“师”式变更样本内，以签字注册会计师在流动前的审计任期（TENURE）作为私人关系密切程度的替代度量，TENURE的回归系数在5%的水平上显著为正，这一结论与前文基本一致。

4）会计师事务所变更后续年度盈余管理变化：延期补偿

前文分析的是在换“所”不换“师”式变更当年，签字注册会计师及客户管理层可能出于检查风险以及安全边际等多方面的权衡，采取了较为谨慎的态度，即暂时保持相对较低的盈余管理水平，那么签字注册会计师是否会在后续年度给予“老客户”相对较多的盈余管理方面的配合，以作为对所欠“老客户”的“人情债”的一种“延期补偿”？为此，我们以发生会计师事务所变更的上市公司为研究样本，对会计师事务所变更之后第二、三个会计年度的盈余管理的上升（或下降）幅度进行考察，具体方法是：变更后第二（或三）个会计年度的可操作性应计绝对值$|DA_2|$（或$|DA_3|$）减去变更当年（即变更后第一年）的可操作性应计绝对值$|DA_1|$，

表5-10　　**进一步测试（3）之回归结果**

	模型(5-1)	模型(5-4)
常量	0.413***(8.812)	0.481*(1.813)
CHG_CPA	-0.019*(-1.6789)	
OTHER_C	0.016***(2.979)	
TENURE		0.006**(2.085)
LNASSET	-0.016***(-7.799)	-0.025**(-2.013)
LEV	-0.007*(-1.903)	0.133**(2.571)
CFO	-0.032*(-1.706)	0.072(0.613)
BIG5/4	-0.003(-.778)	-0.033(-1.526)
RECV	0.018(1.366)	-0.174*(-1.906)
INV	0.03**(2.089)	-0.106(-1.116)
ST	0.049***(6.856)	0.015(0.483)
ROA	-0.073***(-12.361)	0.206(0.999)
T-Q	0.008***(2.870)	0.008(0.529)
YEAR	控制	控制
INDUSTRY	控制	控制
$R^2(AdjR^2)$	0.164(0.158)	0.488(0.207)
F值	28.507***	1.735**
观测值	5 287	93

注：***、**和*分别表示在0.01、0.05和0.1的水平（双侧）上显著相关。

即$\Delta|DA|=|DA_2|-|DA_1|$（或$|DA_3|-|DA_1|$），根据模型（5-1）重新构建检验模型并进行多元回归分析。此外，为了分析结果的准确性，我们剔除了换“所”不换“师”式变更之后第二（或三）个会计年度发生会计师事务所变更的样本公司。

根据表5-11的回归结果可以看出：换“所”不换“师”式变更之后的第二年相比变更当年的盈余管理上升幅度$\Delta|DA|$与CHG_CPA正相

关；变更后第三年Δ|DA|与CHG_CPA正相关且在10%的水平上显著；这表明：与其他形式的变更相比，在换“所”不换“师”式变更下签字注册会计师在变更当年可能采取了较为谨慎的态度，但在后续审计年度的盈余管理上升幅度明显较高，即逐步“放宽”了对“老客户”盈余管理的容忍空间，作为客户管理层追随其同步流动之“人情或面子”的一种“延期补偿”。

表5-11　**进一步测试（4）之回归结果**

	变更之后第二年	变更之后第三年
常量	0.002(0.090)	-0.001(-0.041)
CHG_CPA	0.016(1.104)	0.030*(1.754)
ΔLNASSET	0.003(0.108)	0.048(1.448)
ΔLEV	-0.086***(-3.420)	0.037(1.602)
ΔCFO	-0.135**(-2.307)	0.005(0.074)
ΔBIG5/4	0.040(0.310)	0.035(0.295)
ΔRECV	-0.018**(-2.559)	0.020**(2.091)
ΔINV	0.023(1.152)	0.032***(3.577)
ΔST	-0.005(-0.248)	0.033(1.158)
ΔROA	-0.194(-6.301)	-0.064(-1.601)
ΔT-Q	-0.058(-3.685)	-0.014(-0.840)
YEAR	控制	控制
INDUSTRY	控制	控制
$R^2(AdjR^2)$	0.161(0.132)	0.488(0.207)
F值	5.491***	1.735**
观测值	508	373

注：***、**和*分别表示在0.01、0.05和0.1的水平（双侧）上显著相关。

5）业绩匹配|DA|的替代检验

本章参考刘启亮等（2009）、辛清泉等（2010）的研究检验，采用与业绩匹配的可操纵性应计绝对值|DA|来代替Jones修正模型的|DA|，对模型（5-1）至模型（5-4）做进一步回归分析。表5-12的多元回归结果

可以看出：在模型（5-1）至模型（5-3）中，CHG_CPA与|DA|显著负相关，NCHG_CPA、OTHER_C、OTHER_C&NC与|DA|都是呈正相关关系且十分显著，这表明在换“所”不换“师”式变更当年，审计质量并未下降，反而在某种程度上高于其他形式的会计师事务所变更；在模型（5-4）中，TENURE与|DA|正相关且比较显著，这表明在换“所”不换“师”式变更，客户管理层与签字注册会计师之间的私人关系越密切，对审计独立性的损害也就越大，越可能损害审计质量。这与前文主测试部分的结果一致，进一步了增强本章研究结论的稳健性。

表5-12　　进一步测试（5）之回归结果

	模型(5-1)	模型(5-2)	模型(5-3)之对照组	模型(5-3)之配对组	模型(5-4)
常量	0.042 * (1.682)	0.042 * (1.682)	0.113(0.96)	0.149(1.189)	0.167(1.291)
CHG_CPA	-0.012 ** (-2.203)	-0.012 ** (-2.188)	-0.018 ** (-2.329)	-0.017 ** (-2.224)	
NCHG_CPA		0.012 ** (2.511)			
OTHER_C	0.008 *** (2.945)				
OTHER_C&NC		0.007 *** (1.963)			
TENURE					0.003 * (1.798)
LNASSET	0.001(.685)	0.001(0.677)	-0.005(-0.865)	-0.006(-1.073)	-0.004(-0.602)
LEV	0.002(.969)	0.002(0.973)	0.054 ** (2.514)	0.054* ** (2.502)	0.022(0.917)
CFO	-0.02 ** (-1.959)	-0.02 ** (-1.967)	0.003(0.051)	0.079(1.44)	0.137 * (1.972)
BIG5/4	-0.005 * (-1.811)	-0.005 *** (-1.812)	0.008(0.642)	0.008(0.674)	-0.007(-0.712)
RECV	0.01(1.388)	0.01(1.395)	0.064 * (1.764)	0.052(1.461)	-0.025(-0.568)
INV	-0.007(-.923)	-0.007(-0.962)	0.054(1.579)	0.045(1.208)	0.041(0.849)
ST	0.003(.841)	0.003(0.858)	-0.003(-0.201)	0.005(0.308)	0.01(0.552)
ROA	0.015 *** (4.107)	0.015 *** (4.09)	0.058 * (1.874)	0.059 * (1.844)	0.127(1.311)
T-Q	0.004 *** (2.629)	0.004 *** (2.632)	0.003(0.442)	0.003(0.361)	0.001(0.091)
YEAR	控制	控制	控制	控制	控制
INDUSTRY	控制	控制	控制	控制	控制
$R^2(AdjR^2)$	0.045(0.039)	0.045(0.039)	0.214(0.092)	0.261(0.122)	0.378(0.097)
F值	6.858 ***	6.695 ***	1.753 ***	1.883 ***	1.343
观测值	5 113	5 113	247	204	110

注：***、**和*分别表示在0.01、0.05和0.1的水平（双侧）上显著相关；剔除|DA|和CPA任期的缺失值后，剩余110个观测值，成功配对102个；此外，在模型（5-4）中，我们在原来模型的基础上加入LOSS变量，以控制公司业绩可能产生的影响。

5.4.5　稳健性测试

为了增加研究结论的稳健性，我们选取2004年至2011年期间发生会计师事务所变更的上市公司为样本，考察“签字注册会计师五年强制轮换制度”对本章研究可能产生的影响，具体步骤如下：

（1）考察换“所”不换“师”式变更及其承载的私人关系密切程度对审计质量产生的影响

限定会计师事务所变更样本，对模型（5-1）和模型（5-4）分别进行多元回归分析。表5-13的Panel A的结果可以看出：在“签字注册会计师五年强制轮换制度”实施之后，以可操纵性应计绝对值（|DA|）作为审计质量的替代度量，换“所”不换“师”式变更（CHG_CPA）的回归系数在10%的水平上显著为负，即在签字注册会计师流动并携带客户“同步流动”而形成的“共进退”式变更当年，双方采取了较为谨慎的态度，相比其他形式的会计师事务所变更并未显著损害审计质量。进一步地，在换“所”不换“师”式变更下，签字注册会计师与“老客户”管理层之间的私人关系越密切，同样会损害其精神独立性，进而损害审计质量。上述结果与本章主测试部分结果基本一致。

表5-13　　**稳健性测试回归结果**

Panel A：稳健性测试（1）

	模型(5-1)	模型(5-4)
常量	-0.040(0.68)	-0.014(-0.09)
CHG_CPA	-0.0171*(-1.95)	
TENURE		0.0071*(1.68)
LNASSET	0.002(0.97)	-0.0004(-0.06)
LEV	0.0361***(3.43)	0.077(1.57)
CFO	0.001(0.22)	0.014(1.12)
BIG5/4	-0.015(-1.57)	0.026(0.43)
RECV	-0.001(-0.14)	-0.046(-1.14)
INV	0.0131***(3.35)	0.004(0.26)
ST	0.003(0.21)	-0.012(-0.52)

续表

	模型(5-1)	模型(5-4)
ROA	0.0581**(2.00)	0.053(0.35)
T-Q	0.0051*(1.74)	0.009(1.12)
YEAR	控制	—
INDUSTRY	控制	—
R^2(AdjR^2)	0.144(0.109)	0.146(0.015)
F值	4.16***	1.111*
观测值	927	76

Panel B：稳健性测试（2）

	正向盈余管理		负向盈余管理	
	模型(5-1)	模型(5-4)	模型(5-1)	模型(5-4)
常量	-0.041(0.47)	-0.29*(-1.89)	-0.110(-1.32)	0.129(0.50)
CHG_CPA	-0.022*(-1.76)		-0.014(-1.10)	
TENURE		0.011**(2.59)		0.010(1.10)
LNASSET	-0.002(-0.56)	0.011(1.69)	0.006(1.58)	-0.006(-0.46)
LEV	0.024*(1.65)	0.024(0.55)	0.047***(3.12)	0.067(0.61)
CFO	-0.001(-0.35)	0.016(1.58)	0.002(0.48)	0.005(0.15)
BIG5/4	-0.016(-1.15)	0.01(0.24)	-0.018(-1.27)	0.000(0.01)
RECV	-0.006(-0.51)	-0.009(-0.23)	0.003(0.36)	-0.076(-0.99)
INV	0.017***(3.15)	0.041(0.86)	0.006(1.03)	-0.004(-0.20)
ST	0.003(0.14)	0.007(0.25)	0.002(0.15)	-0.032(-0.80)
ROA	0.052(1.18)	0.024(0.17)	0.074*(1.84)	0.023(0.08)
T-Q	0.001(0.14)	0.014(1.96)	0.009**(2.07)	0.004(0.23)
YEAR	控制	—	控制	—
INDUSTRY	控制	—	控制	—
R^2(AdjR^2)	0.232(0.161)	0.399(0.148)	0.120(0.052)	0.138(0.112)
F值	3.27***	1.59***	1.76***	1.50***
观测值	427	35	500	41

PanelC：稳健性测试（3）

	变更之后第二年	变更之后第三年
常量	-0.018(-0.64)	-0.009(-0.36)
CHG_CPA	0.019*(1.68)	0.023**(2.22)
ΔLNASSET	0.033(3.07)	0.002(0.25)
ΔLEV	-0.048(-1.71)	-0.017(-0.87)
ΔCFO	0.006(1.17)	0.004(1.17)
ΔBIG5/4	-0.014(-0.27)	-0.086**(-2.33)
ΔRECV	-0.004(-0.34)	0.003(0.30)
ΔINV	0.004(0.69)	0.018***(3.45)
ΔST	0.001(0.00)	0.001(0.00)
ΔROA	0.039(1.14)	0.059*(1.86)
ΔT-Q	-0.005(-0.97)	0.004(1.34)
YEAR	控制	控制
INDUSTRY	控制	控制
$R^2(AdjR^2)$	0.071(0.029)	0.091(0.046)
F 值	1.70***	2.01***
观测值	811	739

注：***、**和*分别表示在 0.01、0.05 和 0.1 的水平（双侧）上显著相关；由于模型（5-4）样本量较少，故在多元回归分析没有控制年度与行业。在变更之后第二（或三）年的回归分析时，剔除了第二（或三）年又发生会计师事务所变更的样本公司，故而样本量逐步减少，这是正常合理的。

（2）区分盈余管理的方向

为了进一步考察换“所”不换“师”式变更对公司管理层的盈余管理行为的影响，我们将盈余管理分为正向盈余管理和负向盈余管理，并分别进行回归分析。表 5-13 的 Panel B 的多元回归结果可以看出：在正向盈余管理中，换“所”不换“师”式变更（CHG_CPA）的回归系数在 10%的水平上显著为负，签字注册会计师的审计任期（TENURE）的回归系数在 5%的水平上显著为正；但在负向盈余管理中，CHG_CPA 与 TENURE

的回归系数均不显著；上述结果综合表明：换“所”不换“师”式变更及其承载的特殊私人关系对公司的正向盈余管理行为的影响较为明显。

（3）换“所”不换“师”式变更之后第二、三年盈余管理变化情况的检验

表5-13的Panel C的结果可以看出：在换“所”不换“师”式变更之后的第二年及第三年，CHG_CPA的回归系数分别在10%和5%的水平上显著为正，这一结果表明，在换“所”不换“师”式变更下，签字注册会计师在变更当年很可能采取了较为谨慎的态度，而在后续年度对“老客户”进行盈余管理方面的“延期补偿”，这与前文研究结果基本一致。

5.5 本章小结

本章以签字注册会计师流动是否带走客户为切入点，引入私人关系概念，选取1998年至2011年沪、深两市上市公司为样本，以可操纵性应计绝对值作为审计质量的替代衡量指标，建立多元线性回归模型及自选择模型，兼顾会计师事务所与签字注册会计师双方因素，考察换“所”不换“师”式变更对审计质量产生的具体影响。

研究结果显示：（1）换“所”不换“师”式变更与可操纵性应计绝对值衡量的审计质量显著正相关，不同于其他形式变更对审计质量的影响，这表明在换“所”不换“师”式变更当年，继任会计师事务所能够识别并重视这种特殊形式变更背后所隐藏的特殊人际关系的利益本质，并采取有效的措施加以监督和控制，以保证审计服务质量。但不可忽略的是，在换“所”不换“师”式变更下，后续审计年度的盈余管理上升幅度却明显较高，即签字注册会计师在换“所”不换“师”式变更当年对“老客户”采取了较为谨慎的态度，以盈余管理水平衡量的审计质量相对较好，但签字注册会计师会倾向于在后续期间会给予客户更大幅度的盈余管理空间作为一种“延期补偿”。（2）进一步研究发现，在限定换“所”不换“师”式变更样本后，签字注册会计师在变更前的审计任期与审计质量显著负相关，这表明在换“所”不换“师”式变更下，签字注册会计师在变更前的

审计任期越长，他们与“老客户”之间的私人关系越密切，情感性色彩越浓厚，遵循“报之法则”设法回报“老客户”的“人情”的动机也就越强烈，就越容易放松甚至纵容“老客户”的盈余管理行为，采用这种“投之以桃，报之以李”的方式，继续维系彼此之间的个人情感关系，从而导致实质上的审计独立性受损，最终损害审计质量。不过，选取“签字注册会计师五年强制轮换制度”实施之后的2004—2011年上市公司为样本，进行稳健性测试的结果表明，“签字注册会计师五年强制轮换制度”对上述私人关系效应有一定的抑制作用。

为应对长时间连续审计可能会对审计质量造成的负面影响，西方发达资本市场证券监管部门曾先后出台了关于审计合伙人轮换的规定，如欧洲委员会、美国国会、澳大利亚特许会计师协会和会计师公会等，要求审计合伙人5年或7年不等的轮换。我国证监会及财政部也于2003年10月联合发布了《关于证券期货审计业务签字注册会计师定期轮换的规定》，要求签字注册会计师和审计项目负责人为同一被审计客户连续提供审计服务的期限，一般情况下不得超过5年，该《规定》于2004年1月1日起正式施行。本章的研究结论亦表明，在我国审计市场上执行“签字注册会计师强制轮换制度”是具有很强的现实意义和现实需要的，这绝不是对西方发达资本市场的盲目“跟风”。然而，不可忽略的是，在我国证券市场上，“签字注册会计师五年轮换制度”并不代表签字注册会计师与客户管理层之间的个人关系的永远“终结”，在经过一段时间的“冷却期”之后签字注册会计师可继续为该客户提供审计服务；换言之，换“所”不换“师”式变更所承载的客户管理层与签字注册会计师之间的私人关系依然可以发挥作用。因此，轮换制度是否能够切实有效地避免审计合谋或审计意见购买行为？两年的“冷却期”是否合理？这些重要且现实的问题有待进一步的研究。

第 6 章

换“所”不换“师”式变更对审计意见影响的实证研究

6.1 引言

上市公司能否通过更换会计师事务所来改善审计意见这一问题一直是国内外会计界关注的焦点。上市公司财务报表的审计意见类型，不仅向投资者及社会公众传递了公司财务信息及其可信性等重要信号，帮助其进行相关决策，而且有可能会引起证券监管部门的注意，比如自1999年起，中国证监会就对被出具“不清洁”审计意见的上市公司在申请配股时提出了更为严格的审查标准。因此，上市公司非常在意审计意见类型，并有可能通过某些策略或手段竭力规避“不清洁”审计意见。更换会计师事务所通常就被人们理解为上市公司规避“不清洁”审计意见的常见手段之一。然而，在现实审计市场中，上市公司能否通过更换会计师事务所达到改善审计意见的目的？关于这一问题，理论界和实务界均未得出一致性的结论。

值得注意的是，人们在研究会计师事务所变更行为对审计意见的影响时，大都是立足于会计师事务所的单一视角，鲜有同时考虑到会计师事务所和签字注册会计师联动变更的情况。然而，在提供审计服务的过程中，直接与被审计单位管理层进行沟通和协调、执行审计程序并最终签发审计意见的是签字注册会计师，他们的专业胜任能力和独立性水平也将直接影响审计意见的类型。因此，在考察会计师事务所变更的同时，充分考虑签字注册会计师个人的某些具体情况，应该可以获取认识此问题的更为直接的支持性证据。有趣的是，通过对会计师事务所变更的具体形式进行细分可知，签字注册会计师流动并带走客户而形成的换“所”不换“师”现象在我国审计市场上并不少见（刘峰等，2002）。在这种“共进退”式变更下，表面上会计师事务所发生了变更，被审计单位与原会计师事务所之间的审计业务关系已经“终结”；实质上，直接决定被审计单位财务报表审计意见类型的签字注册会计师却没有发生变化，被审计单位管理层与签字注册会计师之间的工作和个人关系依然存在。可见，这种特殊的会计师事务所变更形式，蕴藏着特定的信息含量，它是否会对审计意见产生某些特定的影响？

据本研究的统计数据资料显示，在1998—2003年期间发生会计师事务所变更的所有案例中，在上年被出具“非标”意见的情况下，若上市公司追随签字注册会计师“同步流动”，当年收到“非标”意见的比率约为38.46%；若上市公司不追随签字注册会计师“同步流动”，当年收到“非标”意见的比率约为58.54%，前者明显低于后者，这意味着换“所”不换“师”式变更可能有助于审计意见的改善。但关于此问题，在目前国内的相关文献研究中，尚无数据论证和详细解析。鉴于此，本章拟从签字注册会计师个人流动这一视角，对会计师事务所变更与审计意见之间的关系进行分析，重点探究上市公司能否通过换“所”不换“师”式变更达到改善审计意见的目的。本章研究的贡献在于：基于人际关系理论视角，实证分析换“所”不换“师”式变更对审计意见的影响，以期为相关的规范分析提供经验性证据。此外，本章研究还有助于市场参与者对会计师事务所变更形式与实质进行有效甄别，深入解读会计师事务所变更行为，对其决策具有重要的现实意义。

6.2 理论分析与研究假说

根据前文文献综述可知，国内外学者关于会计师事务所变更对审计意见影响的研究结论主要有三种：一是会计师事务所变更并未明显改善审计意见，表明审计师并未因为可能的“解聘”而有所屈服，没有迎合被审计单位“审计意见购买”的目的（Krishnan and Stephens，1996；吴联生、谭力，2005）；二是上市公司能够通过更换会计师事务所改善审计意见，甚至有可能实现“审计意见购买”的目的（Lennox，2000；陆正飞、童盼，2003）；三是上市公司通过会计师事务所变更，预期实现审计意见购买的效果在不同年度存在着一定的差异（陈武朝、张泓，2004；杜兴强、郭剑花，2008）。总之，关于上市公司变更会计师事务所能否改善审计意见，始终没有得出一致的结论，其中固然有制度背景、研究方法及样本选择等因素的影响，但不可否认的是：以往的研究忽略了会计师事务所变更的具体形式，或者说仅考虑了对审计意见类型产生作用的会计师事务所因素，极少同时考虑签字注册会计师个人情况这一重要因素，这可能是造成结论差异化的主要原因之一。因此，本章将基于签字注册会计师流动的视角，对会计师事务所变更的具体形式进行划分，并着重考察签字注册会计师流动并带走客户这种特殊形式的会计师事务所变更对审计意见产生的特定影响。

6.2.1 换“所”不换“师”式变更对审计意见的影响

上市公司更换会计师事务所后，审计意见未必有所改善，然而，换“所”不换“师”式变更是否亦如此？一般而言，上市公司管理层选择追随签字注册会计师流动并改聘其“新东家”，最直接的动机之一可能就是期望收到标准审计意见。根据黄光国（2006）、谢盛纹和闫焕民（2012）关于人际关系理论的表述，上市公司管理层与签字注册会计师个人之间的人际关系最初表现为一种“工具性关系”。当发生换“所”不换“师”式变更时，这种最初的人际关系正在或已经发生“质”的变化，我们将这种演变了的人际关系界定为私人关系。私人关系的存在很可能会对签字注册会计师的实质独立性产生一定的影响，进而影响到发表审计意见类型的可靠性与公允性。

具体而言，在换“所”不换“师”式变更下，签字注册会计师继续为“老客户”提供审计服务，他们相对更加了解客户的经营状况及其行业环境，可能更容易发现客户财务报表中存在的问题，即单纯从审计专业胜任能力的角度考虑，可能存在有利于审计工作的方面。但与此同时，公司管理层与签字注册会计师之间的人际关系已经不再是纯粹工作性的“工具性关系”，它所包含的情感性成分比例明显超过普通的“工具性关系”，这将使得签字注册会计师很可能有意或无意地降低被审计单位财务报表的风险水平，损害专业胜任能力的发挥。比如对于在审计服务过程中收集到的有关公司财务状况、经营成果和现金流量等方面的证据，签字注册会计师由于情感性心理暗示作用，可能会无意识地降低对管理层及财务部门提供的间接证据的怀疑，减少那些能够切实反映公司客观现实的直接证据的搜集，简化必要的审计程序，导致其未能全面客观地了解公司财务会计的核算方法、内部控制的设计及执行等情况，从而未能发现财务报表中可能存在的重大错报或舞弊行为，以致出具不尽合理的审计意见。简言之，在换“所”不换“师”式变更下，签字注册会计师或许更有“能力”发现被审计财务报表中存在的重大错报或舞弊行为，但不一定有“意愿”或“动力”去很好地发挥这种“能力”。

就我国证券市场的特征而言，很多大型上市公司都是国有控股的，或者国有股权的比例相当高。国有股“一股独大”的特殊股权结构促成了“内部人控制”现象的形成，公司董事会成员与管理层的高度重叠，导致审计服务的实际委托人由公司股东大会或董事会演变为公司管理层（杜兴强、郭剑花，2008），这种畸形的审计委托代理关系使得上市公司管理层对会计师事务所的聘任决策起着决定性作用，这无疑会促进签字注册会计师重视自己与上市公司管理层之间的人际关系；同时，上市公司管理层在认识到这种人际关系的特殊边际效益后，为追求公司或自身利益最大化，也会尽力维护这一人际关系。从另一个角度看，我国审计市场的“买方市场”特征、会计师事务所将客户资源作为员工绩效考核的主要指标的管理模式，也会在一定程度上促使签字注册会计师更加重视客户资源，并尽力维系与客户管理层之间的人际关系，这对客户的审计意见购买行为可能也起到了推波助澜的作用。尤其是在换“所”不换“师”式变更的情况下，签字注册会计师跳槽到另一家会计师事务所后，为获得“新东家”的信任和认可，会竭尽全力为“新东家”维系或争取尽可能多的客户资源，这更有可能导致签字注册会计师为了生存而向客户“折腰”。此外，在我国从事上市公司的审计业务需要有监管部门的资格认定，注册会计师执业的主要风险是监管部门吊销注册会计师或会计师事务所的职业资格，基本上不存在第三方利益关系人诉讼（李东平等，2001）。而且，与美国资本市场的制度安排相比，我国资本市场上关于注册会计师的法律风险一直偏低（刘峰、许菲，2002）。这就使得签字注册会计师向客户“折腰”的潜在风险成本相对较低。

综上，在换“所”不换“师”式变更下，签字注册会计师为“老客户”出具审计意见时，会对风险和收益进行全面权衡。假若签字注册会计师面对“老客户”的追随而受之“人情”，却不懂得“知恩图报”，置管理层对审计意见的特殊诉求不理，依然选择揭露客户财务报表中存在的盈余管理、会计违规等问题，甚至出具“非标”的审计意见，可能由此获得了“高质量”审计的认可，但签字注册会计师有可能由此落下一个“知恩不报”的名声，“老客户”管理层也可能因此解聘现任注册会计师以寻求与其意见更为一致的注册会计师（刘伟、刘星，2007）。而且，这种存在私人关系的“老客户”的流失，不仅仅意味着审计收费来源的流失，还可能会给潜在客户造成一种较为不利的印象：这类签字注册会计师可能很不“配合”或极为“保守”，也不懂得“报之规范”的社会基本道德律（黄光国，2006）。总之，在客户资源争取及客户维系方面，流失这种“老客户”的负面效应可能远远超过未能争取到一般客户所造成的负面效应。相反，当签字注册会计师发现了“老客户”财务报表中存在的盈余管理或会计违规行为时，他们在出具审计意见之前会与公司管理层进行沟通甚至协商，并提出相应的调整建议，若管理层根据注册会计师的建议做出“战略性”反应或进行调整，签字注册会计师可能不会过多地考虑公司当期的盈余管理行为或概率甚小的可能诉讼，更何况盈余管理程度与审计意见类型之间并不存在显著联系，[①]从而最终为“老客户”出具标准无保留的审计意见。基于上述分析，提出本章研究的假设1：

在其他条件相同的情况下，换“所”不换“师”式变更更有可能改善审计意见。

6.2.2　私人关系密切程度对审计意见的影响

假设1将要检验的是换“所”不换“师”式变更是否更有可能达到改善审计意见的目的。但是，没有深入考虑签字注册会计师与被审计单位管理层之间存在的私人关系的密切程度对审计意见产生的具体影响。一般而言，签字注册会计师在变更前的审计任期越长，他们与“老客户”管理层之间的私人关系越密切，继续维系这种关系的动机就越强，签字注册会计师出于对“老客户”资源的维系，对“老客户”管理层追随之“人情”的报答，在诉讼风险并不高的情况下，也更可能采取“投之以桃，报之以李”的方式，满足“老客户”管理层关于审计意见的要求，最终体现为“老客户”获得标准审计意见。基于此，提出本章研究的假设2：

在换“所”不换“师”式变更下，签字注册会计师在变更前的审计任期越长，出具标准审计意见的可能性越大。

6.3　研究设计

6.3.1　数据来源与样本选取

本章选取1998—2011年我国沪、深两市上市公司作为初始研究样本，鉴于“签字注册会计师五年强制轮换制度”可能产生的影响，故采用1998—2003年样本作为本章研究的主测试检验样本，以避免“强制轮换制度”对私人关系效应发挥的影响；然后，在稳健性测试部分，选取样本区间为2004—2011年。样本公司主要财务数据来源为CSMAR数据库和Wind数据库，其中，上市公司变更会计师事务所、签字注册会计师流动

① 已有研究表明公司当期的盈余管理与审计意见之间不存在显著的关系，没有证据表明审计师出具审计意见时考虑了盈余管理（吴联生、谭力，2008）。

情况以及换“所”不换“师”式变更等数据是严格依据数据库相关信息、上市公司年报、中国证监会和中国注册会计师协会披露的关于会计师事务所及注册会计师的相关统计信息，进行手工搜集和整理的结果。

在初始研究样本的基础上，遵照学者的研究惯例，我们剔除了行业性质较为特殊的金融保险类上市公司以及主要财务数据缺失或存在极端异常值的上市公司，最终获得主测试研究样本观测值为5 947个，其中会计师事务所变更样本为673个，客户追随签字注册会计师流动而形成的换“所”不换“师”式变更样本观测值为130个，具体的样本筛选过程及分类见表6-1，样本的行业及年度分布状况见表6-2、表6-3。

表6-1　**样本筛选过程及分类**　单位：个

主测试:1998—2003年	全样本	变更样本	换“所”不换“师”
上市公司观测值总数	6 004	682	133
减:金融保险类上市公司	33	2	0
数据缺失及异常值	24	7	3
最终样本观测值数量	5 947	673	130

表6-2　**样本的行业分布情况**　数量单位：个

类　别	全样本		变更样本		换“所”不换“师”	
行　业	数量	比重	数量	比重	数量	比重
农、林、牧、渔业	108	1.82%	17	2.53%	2	1.54%
采掘业	71	1.19%	8	1.19%	2	1.54%
制造业	3 307	55.61%	350	52.01%	76	58.46%
电力、煤气及水生产和供应业	234	3.93%	15	2.23%	5	3.85%
建筑业	85	1.43%	12	1.78%	1	0.77%
交通运输、仓储业	209	3.51%	26	3.86%	6	4.62%
信息技术业	350	5.89%	50	7.43%	9	6.92%
批发和零售贸易业	451	7.58%	39	5.79%	10	7.69%
房地产业	225	3.78%	32	4.75%	3	2.31%
社会服务业	181	3.04%	11	1.63%	2	1.54%
传播与文化产业	45	0.76%	8	1.19%	2	1.54%
综合类	681	11.46%	105	15.61%	12	9.22%
合计	5 947	100%	673	100%	130	100%

表6-3　**样本的年度分布情况**　单位：个

类别	全样本		变更样本		换“所”不换“师”（审计任期）	
年度	会计师事务所未变更	会计师事务所变更	CHG_CPA	OTHER_C	1～3年	≥4年
1998	671	60	10	16	5	5
1999	785	55	8	3	1	7
2000	848	92	19	18	8	11
2001	831	243	47	112	31	16
2002	1 027	120	22	14	19	3
2003	1 112	103	24	7	14	10
合计	5 274	673	130	170	78	52

从表6-2中可以看出，在全样本、会计师事务所变更样本和换“所”不换“师”式变更样本中，观测值数量所占比重最大的行业是制造业，约占一半，这与我国证券市场中制造业上市公司数量所占比重最大这一实际情况相符。其次是综合类上市公司，在3个样本中所占比重均在百分之十左右。从整体上看，各个行业观测值在3个样本中所占比重的差异化较小，这说明会计师事务所变更及换“所”不换“师”式变更数据的分布比较合理。

从表6-3中可以看出，2001年发生会计师事务所变更的上市公司数量达243家，其中有47家上市公司追随签字注册会计师流动并改聘其“新东家”，这可能与2001年深圳同人会计师事务所、中天勤会计师事务所等5家会计师事务所因违反行业规定而被吊销执业资格有关，从而导致2001年期间更换会计师事务所的上市公司较多。随后，在2002—2003年期间的变更案例数量逐渐减少。在换“所”不换“师”式变更样本组中，在1998—2000年期间，签字注册会计师在跳槽并带走客户之前的审计任期大都在4年或4年以上；然而，在2001—2003年期间，审计任期大都集中在3年以内，这一现象可能与2001—2002年期间很多上市公司由于“财务舞弊风波”等外在因素影响而频繁更换会计师事务所有关。

6.3.2 变量设定与模型设计

1）变量设定

根据本章研究目标及内容，选取的研究变量及其说明如下：

（1）审计意见（O_{it}）

若收到非标准无保留审计意见（包括无保留意见加说明段或强调事项段、保留意见、否定意见、拒绝或无法发表意见）则为1；否则为0。

（2）换“所”不换“师”式变更（CHG_CPA）

上市公司在更换会计师事务所时，若选择追随签字注册会计师流动并改聘“新东家”，这种“共进退”式变更即为换“所”不换“师”式变更，属于此类变更则取值为1，否则取值为0。

（3）私人关系的密切程度（TENURE）

本章采用换“所”不换“师”式变更下的签字注册会计师任期作为私人关系的密切程度的替代度量。在换“所”不换“师”式变更情况下，签字注册会计师任期是指带走客户的签字注册会计师在流动之前对该客户的审计任期，若两位签字注册会计师同时流动并带走客户，则选择二者任期中的较长者。

（4）其他变量

在研究模型设计中，根据研究目标并借鉴Lennox（2000）、陆正飞和童盼（2003）等研究，控制了上市公司财务状况、会计师事务所类型、经营状况等因素，各变量的定义及计算方法详见表6-4。

2）模型设计

（1）会计师事务所变更与审计意见的初步检验模型

首先，本章从整体上考察上市公司更换会计师事务所与更换当年所收到的审计意见之间的关系，借鉴Lennox（2000）及杜兴强、郭剑花（2008）等研究建立模型（6-1）：

$$probitO_{it} = a_0 + a_1CHG_{it} + a_2O_{it-1} + a_3LEV + a_4CFO + a_5BIG5/4 + a_6ST + a_7ROA + a_8LOSS + \sum_{9}^{15} a_jX_j*CHG + YEAR + IND + \varepsilon \qquad (6-1)$$

表6-4　**变量说明**

变量类别	变量名称	变量符号	变量说明
因变量	审计意见	O_{it}	非标意见取值为1,否则为0
	审计意见购买变量	SHP	实际决策概率减去逆决策概率得到的概率差
自变量	会计师事务所变更	CHG	若变更则取值为1,否则为0
	换“所”不换“师”式变更	CHG_CPA	签字注册会计师流动并带走客户的变更,即换“所”不换“师”式变更,前已叙及,不再赘述
	签字注册会计师流动但未带走客户的变更	NCHG_CPA	签字注册会计师流动但未带走客户的变更取值为1,否则取值为0
	换“所”不换“师”之外的变更	OTHER_C	除CHG_CPA之外的变更取值为1,否则取值为0
	私人关系的密切程度	TENURE	签字注册会计师任期,前已叙及,不再赘述
控制变量	上年审计意见	O_{it-1}	上年意见非标为1,否则为0
	财务状况	LEV	负债与总资产的比值
	现金流量	CFO	经营现金净流量除以总资产
	国际“五大或四大”	BIG5/4	由国际“五大或四大”会计师事务所审计的取值为1,否则为0
	是否ST	ST	属于ST类为1,否则为0
	总资产报酬率	ROA	净利润与总资产的比值
	是否亏损	LOSS	净利润为负取值为1,否则为0
	交乘项	$X_{1i}*X_{2i}$	自变量与控制变量的交乘项
	年度变量	YEAR	虚拟变量,区分年度
	行业变量	IND	虚拟变量,区分行业

其中，被解释变量O_{it}表示审计意见类型；主要解释变量CHG为会计师事务所变更；X_j*CHG表示O_{it-1}、LEV、CFO等控制变量分别与CHG的交乘项，以下同理。

其次，根据Lennox（2000）研究可知，检验上市公司的审计意见购买，仅考察变更当年的审计意见相对于上年审计意见是否改善并不具备充分的说服力。而应该是，运用模型（6-1）计算上市公司在实际决策下收到非标审计意见的概率Pr（O_{it}=1|CHG=1 or 0），然后估测上市公司在采取与实际变更决策相反的决策（逆决策）下所可能收到的非标审计意见的概率Pr（O_{it}=1|CHG=0 or 1），将前者减去后者所得到的概率差作为审计意见购买变量SHP，具体取值方法为：当CHG=1时，SHP=Pr（O_{it}=1|CHG=1）－Pr（O_{it}=1| CHG=0）；当CHG=0时，SHP=Pr（O_{it}=1|CHG=0）－Pr（O_{it}=1| CHG=1）。由此，本章建立审计意见购买模型（6-2），以检验会计师事务所变更能否实现审计意见购买。

$$SHP = a_0 + a_1CHG_{it} + a_2O_{it-1} + a_3LEV + a_4CFO + a_5BIG5/4 + a_6ST + a_7ROA + a_8LOSS + \sum_{9}^{15} a_jX_j{*}CHG + \varepsilon \quad (6-2)$$

其中，在模型（6-2）中，被解释变量SHP表示会计师事务所变更的审计意见购买变量；主要解释变量是会计师事务所变更（CHG）；X_j*CHG表示O_{it-1}、LEV、CFO等控制变量与CHG的交乘项。

（2）换“所”不换“师”式变更与审计意见的检验模型

首先，本章根据签字注册会计师流动是否带走客户为标准，将会计师事务所变更类型进一步划分为签字注册会计师流动并带走客户的变更（即换“所”不换“师”式变更CHG_CPA）、除此之外的变更（OTHER_C），并根据模型（6-1）的构建原理，建立模型（6-3）：

$$probitO_{it} = a_0 + a_1CHG\_CPA_{it} + a_2OTHER\_C_{it} + a_3O_{it-1} + a_4LEV + a_5CFO + a_6BIG5/4 + a_7ST + a_8ROA + a_9LOSS + \sum_{10}^{16} a_jX_j{*}REL\_CHG + \sum_{17}^{23} a_jX_j{*}OTHER\_C_{it} + YEAR + IND + \varepsilon \quad (6-3)$$

其中，被解释变量O_{it}表示审计意见类型；主要解释变量是CHG_CPA与OTHER_C；X_j*CHG_CPA、X_j*OTHER_C分别表示O_{it-1}、LEV、CFO等控制变量与CHG_CPA、OTHER_C的交乘项。

其次，从逻辑学上讲，会计师事务所“变更”的逆决策是“不变更”，而签字注册会计师流动并“带走客户”（CHG_CPA）的逆决策就是签字注册会计师流动但“不带走客户”（NCHG_CPA）。所以，本章将研究样本限定在签字注册会计师发生流动的会计师事务所变更样本内，并采用CHG_CPA样本与NCHG_CPA样本建立对照样本组；然后，为保证检验结果的稳健性，根据“行业相同、规模相近”的原则建立配对样本组，构建模型（6-4）进行回归分析。最后，根据模型（6-2）的构建原理，基于对照样本组构建模型（6-5），以检验换“所”不换“师”式变更能否实现审计意见购买。①

$$probitO_{it} = a_0 + a_1CHG\_CPA_{it} + a_2O_{it-1} + a_3LEV + a_4CFO + a_5BIG5/4 + a_6ST + a_7ROA + a_8LOSS + \sum_{9}^{15} a_jX_j*REL\_CHG + YEAR + \varepsilon \quad (6-4)$$

$$SHP^* = a_0 + a_1CHG\_CPA_{it} + a_2O_{it-1} + a_3LEV + a_4CFO + a_5BIG5/4 + a_6ST + a_7ROA + a_8LOSS + \sum_{9}^{15} a_jX_j*CHG\_CPA + \varepsilon \quad (6-5)$$

其中，在模型（6-5）中，被解释变量SHP^*表示换“所”不换“师”式变更的审计意见购买变量；主要解释变量是换“所”不换“师”式变更（CHG_CPA）；X_j*CHG_CPA表示O_{it-1}、LEV、CFO等控制变量与CHG_CPA的交乘项。

（3）私人关系密切程度与审计意见的检验模型

在换“所”不换“师”式变更的情况下，为检验签字注册会计师在变更前的审计任期与审计意见的关系，构建检验模型（6-6）：

$$probitO_{it} = a_0 + a_1TENURE_{it} + a_2O_{it-1} + a_3LEV + a_4CFO + a_5BIG5/4 + a_6ST + a_7ROA + a_8LOSS + \sum_{9}^{17} a_jX_j*TENURE + YEAR + IND + \varepsilon \quad (6-6)$$

其中，被解释变量O_{it}表示审计意见类型；主要解释变量为签字注册会计师在变更前的审计任期（TENURE）；X_j*TENURE表示O_{it-1}、LEV、CFO等控制变量分别与TENURE的交乘项。

① 在模型（6-5）中，SHP*与SHP的计算原理方法相同，但研究样本不同；模型（6-4）样本设计中已控制了行业，故模型中无需行业虚拟变量。

6.4 实证分析

6.4.1 描述性统计

从表6-5可以看出，在1998—2003年期间，上市公司被出具非标审计意见的概率约为15.34%；但从整体上来看，随着时间的推移，审计意见有逐步趋向于“标准”类型的趋势，这与我国审计市场的实际情况是相吻合的。

表6-5 **上市公司审计意见概况**

审计意见类型	1998年	1999年	2000年	2001年	2002年	2003年	合计
标准意见	591	662	765	923	985	1 109	5 035
非标意见	140	178	175	151	162	106	912
非标意见比率(%)	19.15	21.19	18.62	14.06	14.12	8.72	15.34

从表6-6的全样本中可以看出，在上市公司上年被出具“非标”意见的情况下，上市公司变更会计师事务所后收到“非标”意见的比率约为61.62%（122÷198），而上市公司不变更会计师事务所收到“非标”意见的比率约为56.72%（401÷707），前者略高于后者，即上市公司变更会计师事务所后，被出具“非标”意见的可能性不降反升，这初步表明上市公司变更会计师事务所后，并没有改善审计意见。

从表6-6的对照组中可以看出，在上市公司上年被出具“非标”意见的情况下，上市公司选择追随签字注册会计师流动（CHG_CPA），收到“非标”意见的比率约为38.46%（5÷13），而上市公司选择不追随签字注册会计师流动（NCHG_CPA），收到非标意见的比率约为58.54%（24÷41），前者明显低于后者，这初步表明上市公司被出具“非标”意见后，若选择随签字注册会计师流动并改聘其“新东家”，收到的审计意见明显改善，换“所”不换“师”式变更可能实现审计意见购买，但这有待后续的进一步分析。

从表6-6的CPA任期组中可以看出，在换“所”不换“师”式变更下，签字注册会计师在变更前的审计任期在1～3年时，被出具非标意见的概率约为13.33%（10÷75）；然而，在4～9年时，被出具非标意见的概率约为3.64%（2÷55），后者明显低于前者；这初步表明在换“所”不换“师”式变更下，签字注册会计师审计任期越长，上市公司收到的审计意见可能就越好。

表6-6　**会计师事务所变更与审计意见**

全样本	CHG=1			CHG=0		
	O_{it-1}=0	O_{it-1}=1	小计	O_{it-1}=0	O_{it-1}=1	小计
O_{it}=0	423	76	499	4 230	306	4 536
O_{it}=1	52	122	174	337	401	738
合计	475	198	673	4 567	707	5 274
对照组	CHG_CPA =1			NCHG_CPA =1		
	O_{it-1}=0	O_{it-1}=1	小计	O_{it-1}=0	O_{it-1}=1	小计
O_{it}=0	110	8	118	115	17	132
O_{it}=1	7	5	12	14	24	38
合计	117	13	130	129	41	170
CHG_CPA组	TENURE=(1,3)			TENURE=(4,9)		
	O_{it-1}=0	O_{it-1}=1	小计	O_{it-1}=0	O_{it-1}=1	小计
O_{it}=0	59	6	65	51	2	53
O_{it}=1	6	4	10	1	1	2
合计	65	10	75	52	3	55

6.4.2　相关性分析

表6-7报告了本章检验模型所包括的主要变量之间的Spearman相关系数分析结果。

表6-7　　　　　　　　　**Spearman相关系数矩阵**

Panel A:	O_{it}	CHG	CHG_CPA	OTHER	O_{it-1}	LEV	CFO	BIG5/4	ST	ROA	LOSS
O_{it}	1		-0.174***		0.466***	0.285***	-0.207***	-0.086	0.288***	-0.370***	0.450***
CHG	0.104***	1									
CHG_CPA	-0.025*		1								
OTHER	0.128***			1							
O_{it-1}	0.499***	0.141***	-0.022	0.166***	1	0.307***	-0.144*	-0.123*	0.377***	-0.304***	0.316***
LEV	0.272***	0.069***	-0.019	0.086***	0.269***	1	-0.109	-0.070	0.241***	-0.301***	0.250***
CFO	-0.197***	-0.038***	0.022	-0.053***	-0.111***	-0.200***	1	0.059	-0.039	0.360***	-0.183***
BIG5/4	-0.049***	0.003	0.049***	-0.021	-0.040***	-0.062***	0.090***	1	0.027	0.082	-0.105
ST	0.272***	0.095***	0.002	0.104***	0.352***	0.249***	-0.059***	-0.018	1	-0.136**	0.076
ROA	-0.356***	-0.082***	0.016	-0.098***	-0.286***	-0.460***	0.349***	0.053***	-0.207***	1	-0.556***
LOSS	0.409***	0.056***	-0.020	0.072***	0.283***	0.299***	-0.236***	-0.037***	0.222***	-0.582***	1

Panel B:	O_{it}	TENURE	O_{it-1}	LEV	CFO	BIG5/4	ST	ROA	LOSS
O_{it}	1								
TENURE	-0.150*	1							
O_{it-1}	0.337***	-0.103	1						
LEV	0.137	-0.163	0.267***	1					
CFO	-0.159	0.192*	-0.199**	-0.124	1				
BIG5/4	-0.015	-0.136	0.488***	-0.043	-0.318***	1			
ST	0.277***	-0.098	-0.093	0.211*	0.459***	0.062	1		
ROA	-0.310***	0.272***	-0.087	-0.317***	-0.053	-0.011	-0.144	1	
LOSS	0.476***	-0.228***	0.267***	0.154	-0.318***	-0.073	-0.073	-0.482***	1

注：***、**和*分别表示在0.01、0.05和0.1的水平上显著相关。

在表6-7的Panel A中：左下方和右上方分别表示全样本之模型(6-3)、对照组样本之模型（6-4）中各变量之间的Spearman相关系数。在全样本中，CHG与O_{it}显著正相关，CHG_CPA与O_{it}显著负相关，OTHER与O_{it}显著正相关；在对照样本组中，CHG_CPA与O_{it}显著负相关；这初步表明：从整体上看，会计师事务所变更并未改善审计意见；然而，通过细分会计师事务所变更的类型之后，换“所”不换“师”式变更可能有助于审计意见改善，而在其他形式的变更下审计意见并没有得到改善。在控制变量方面，上期审计意见类型O_{it-1}与O_{it}显著正相关，这表明签字注册会计师在出具审计意见时很可能会参考客户之前年度的财务报告质量及其审计意见类型；公司财务状况LEV、现金流量状况CFO及公司盈利状况LOSS等变量与O_{it}之间的相关系数都比较显著。此外LEV、CFO等各个控制变量之间的相关系数均在合理范围之内，表明各控制变量之间不存在严重的多重共线性问题，模型构建及变量选取较为合理。

在表6-7的Panel B中，TENURE与O_{it}显著负相关（P值为0.088），表明在换“所”不换“师”式变更下，签字注册会计师在变更前的审计任期越长，上市公司在变更当年越有可能收到标准审计意见。此外，O_{it}与各控制变量之间的相关关系均比较显著，表明模型变量的选取比较恰当。在控制变量方面，各变量之间的相关系数大都小于0.4，说明各控制变量之间不存在严重的多重共线性问题，模型构建较为合理。

6.4.3 多元回归分析

表6-8列示了模型（6-1）至模型（6-6）的回归结果。从模型（6-1）回归结果可以看出，O_{it}与CHG显著正相关，初步表明会计师事务所更换并不能显著改善审计意见；从模型（6-2）的回归结果可以看出，审计意见购买变量SHP与CHG显著正相关，即当上市公司更换会计师事务所时，被出具“非标”意见的概率值显著高于不变更时被出具“非标”意见的概率值，进一步表明上市公司并不能通过更换会计师事务所达到改善审计意见的目的。上述结果说明，从整体看来，上市公司更换会计师事务所之后，继任会计师事务所及签字注册会计师保持了良好的独立性和应有的谨慎性，能够制定恰当合理的审计策略，执行充分有效的审计程序，并

最终出具恰当的审计意见。

然而，根据签字注册会计师流动是否带走客户这一标准将会计师事务所变更的具体形式进行细分后，分别在全样本、对照样本组和配对样本组进行回归分析，模型（6-3）和模型（6-4）的回归结果显示：签字注册会计师流动并带走客户而形成的换“所”不换“师”式变更（CHG_CPA）与审计意见（O_{it}）均显著负相关，而非换“所”不换“师”式变更（OTHER）与审计意见（O_{it}）显著正相关。这初步表明：在限定其他条件的情况下，换“所”不换“师”式变更有可能帮助上市公司改善审计意见。在模型（6-5）的进一步回归分析中，结果表明换“所”不换“师”式变更（CHG_CPA）与审计意见购买变量（SHP★）显著负相关，即上市公司选择换“所”不换“师”式变更时被出具“非标”意见的概率，小于选择非换“所”不换“师”式变更时被出具“非标”意见的概率。换言之，上市公司若选择与实际变更决策相反的决策（即非换“所”不换“师”式变更）时，本应收到非标审计意见的可能性相对更大。由此可见，上市公司能够通过换“所”不换“师”式变更降低或规避被出具“非标”意见的可能，从而实现审计意见购买的目的，由此验证了本章的研究假设1。

从模型（6-6）的回归结果可以看出：在换“所”不换“师”式变更下，TENURE与O_{it}在1%的水平上显著负相关，表明签字注册会计师在变更前的审计任期越长，私人关系越密切，对签字注册会计师独立性和谨慎性的负面影响也越大，导致签字注册会计师为追随其“同步流动”的“老客户”出具所期望的标准审计意见的可能性也越高。

6.4.4 进一步测试

考虑到在本研究中，换“所”不换“师”式变更样本的观测值数量比较少，为增强研究结论的可靠性，本章运用统计方法中的拔靴法做进一步测试。具体方法是：基于换“所”不换“师”式变更样本，采用拔靴法从130个观测值中随机抽取100个，进行6次随机抽样并分别生成6个新样本；然后，依据原来的配对样本构建6组新的配对样本；最后，对模型（6-4）至模型（6-6）进行回归分析。

表6-8 **多元回归结果**

	模型(6-1)	模型(6-2)	模型(6-3)		模型6-4对照组	模型6-4配对组	模型(6-5)	模型(6-6)
CHG	0.033***(30.169)	0.088***(72.247)						
CHG_CPA			-0.021***(-4.117)		-0.088***(-2.883)	-0.068**(-2.044)	-0.110***(-6.509)	
OTHER			0.025***(21.570)					
TENURE								-0.072***(-4.838)
O_{it-1}	0.029***(38.553)	0.002***(4.335)	0.030***(40.442)		0.115***(6.305)	0.125***(5.251)	-0.018**(-2.524)	0.345***(3.685)
$X^{*}O_{it-1}$	-0.002(-1.216)	-0.024***(-17.599)	-0.016***(-2.59)	-0.003(-1.465)	-0.467***(-11.957)	-0.066(-1.511)	0.000(-0.024)	-0.131***(-3.589)
LEV	0.076***(142.78)	0.005***(16.902)	0.076***(141.606)		0.058***(4.174)	-0.062***(-3.748)	-0.034(-9.861)	-0.699***(-5.76)
X* LEV	0.010***(8.347)	-0.015***(-26.037)	0.093***(10.072)	0.010***(8.301)	0.119**(2.29)	-0.043(-0.751)	0.152(6.028)	0.144***(4.294)
CFO	0.023***(8.095)	0.015***(4.762)	0.023***(7.939)		-1.098***(-12.469)	-0.025(-0.224)	-0.734***(-24.199)	0.213(0.494)
X*CFO	-0.014*(-1.813)	-0.014**(-2.386)	0.012(0.48)	-0.018**(-2.1)	1.22***(7.636)	1.691***(9.18)	0.623***(4.409)	-0.043(-0.420)
BIG5/4	0.038***(46.984)	0.009***(7.591)	0.037***(45.529)		0.055**(2.056)	0.433***(14.448)	-0.033(-1.588)	0.251***(3.974)
X*BIG5/4	0.001(0.489)	-0.025***(-9.749)	-0.023***(-5.962)	-0.02***(-6.8)	-0.33***(-9.618)	-0.442***(-11.706)	0.046(1.717)	-0.056***(-2.862)
ST	0.005***(4.445)	-0.002**(-2.051)	0.008***(6.584)		-0.010(-0.324)	0.382***(10.48)	0.05***(5.314)	0.506***(4.329)
X*ST	0.000(0.15)	0.008***(5.298)	-0.021**(-2.59)	-0.002(-0.812)	0.479***(9.009)	-0.112*(-1.751)	-0.010(-0.395)	-0.048(-0.971)
ROA	0.021***(16.271)	-0.017***(-26.289)	0.017***(13.378)		0.022(1.476)	-0.372***(-7.107)	-0.024***(-6.698)	-0.047(-0.074)
X*ROA	0.033***(17.866)	0.009***(10.259)	0.001(0.024)	0.033***(17.99)	1.494***(6.493)	-0.188(-0.749)	0.227**(2.597)	-0.193(-0.916)
LOSS	0.026***(33.309)	-0.006***(-9.784)	0.029***(37.93)		-0.181***(-7.893)	-0.648***(-16.637)	-0.067***(-9.449)	0.017(0.121)
X*LOSS	0.007***(3.657)	-0.023***(-18.076)	-0.02**(-2.337)	0.005**(2.31)	0.616***(12.252)	0.855***(13.619)	0.189***(7.276)	0.058(1.050)
年度及行业	控制		控制		控制			控制
观测值	5 947	912	5 947		300	248	300	130

注：***、**和*分别表示在0.01、0.05和0.1的水平（双侧）上显著相关；此外，在配对样本组构建过程中，有6家公司由于行业或规模原因未能成功配对，故而样本量为248，而不是260。

从表6-9的进一步测试回归结果可以看出，在模型（6-4）的6组回归结果中，其中5组显示CHG_CPA与O_{it}之间呈显著负相关关系，另外1组显示二者呈负相关关系但不显著；在模型（6-5）的6组回归结果中，均显示CHG_CPA与SHP*显著负相关；在模型（6-6）的6组回归结果中，其中5组显示TENURE与O_{it}显著负相关，另外1组显示负相关但不显著；整体而言，上述结果与本章主测试部分结果基本一致。

表6-9 **进一步测试回归结果**

		模型(6-4)	模型(6-5)	模型(6-6)
Sample1	CHG_CPA	-0.217***(-4.757)		
	SHP*		-0.141***(-12.599)	
	TENURE			-0.056***(-2.616)
Sample2	CHG_CPA	-0.415***(-7.890)		
	SHP*		-0.238***(-11.553)	
	TENURE			-0.062***(-2.964)
Sample3	CHG_CPA	-0.033 (-0.818)		
	SHP*		-0.127***(-8.585)	
	TENURE			-0.029 (-1.369)
Sample4	CHG_CPA	-0.103**(-2.540)		
	SHP*		-0.066***(-5.475)	
	TENURE			-0.038*(-1.942)
Sample5	CHG_CPA	-0.321***(-6.281)		
	SHP*		-0.168***(-12.239)	
	TENURE			-0.045**(-2.085)
Sample6	CHG_CPA	-0.687***(-12.643)		
	SHP*		-0.246***(-14.091)	
	TENURE			-0.067***(-3.883)

注：***、**和*分别表示在0.01、0.05和0.1的水平（双侧）上显著相关；限于篇幅，本表仅列示了主要变量的回归结果。

6.4.5 稳健性测试

为了增加研究结论的稳健性，我们选取2004—2011年期间我国上市公司为样本，考察“签字注册会计师五年强制轮换制度”对换“所”不换“师”式变更与审计意见之关系产生的影响，具体步骤：一是在全样本下，会计师事务所变更与审计意见之关系的检验；二是在变更样本下，换“所”不换“师”式变更与审计意见之关系的检验；三是在换“所”不换“师”式变更样本下，签字注册会计师的审计任期与审计意见之关系的检验。稳健性测试回归结果见表6-10。

表6-10　**稳健性测试回归结果**

	全样本	变更样本	CHG_CPA样本
常量	-0.435***(-454.696)	-1.077***(-73.20)	-1.963***(-7.406)
CHG	0.049***(49.128)		
CHG_CPA		-0.055***(-3.920)	
TENURE			-0.047(-0.442)
O_{it-1}	0.020***(37.138)	0.060***(14.080)	-0.044(-0.122)
$X*O_{it-1}$	-0.012***(-9.438)	0.310***(15.406)	-0.002(-0.016)
LEV	0.143***(331.173)	0.077***(20.304)	-0.057(-0.191)
X* LEV	-0.023***(-20.191)	-0.007(-0.405)	0.084(0.631)
CFO	0.078***(377.109)	0.033***(14.041)	0.009(0.086)
X*CFO	-0.010***(-14.619)	0.020***(2.628)	0.017(0.303)
BIG5/4	0.030***(57.992)	0.111***(19.799)	0.636***(2.802)
X*BIG5/4	0.004***(2.384)	-0.121***(-2.737)	-0.121(-0.737)
ST	0.007***(9.010)	0.025***(3.730)	-0.033(-0.116)
X*ST	-0.004***(-2.124)	0.080***(4.796)	-0.019(-0.217)
ROA	0.060***(27.458)	-0.028(-1.537)	0.337(0.206)
X*ROA	0.009(1.642)	-0.023(-0.307)	-0.190(-0.332)
LOSS	0.015***(27.404)	0.005(0.997)	0.238(0.585)
X*LOSS	-0.008***(-4.698)	0.089***(3.626)	-0.073(-0.617)
YEAR	控制	控制	—
INDUSTRY	控制	控制	—
P值	0.000***	0.000***	0.000***
观测值	10 328	932	80

注：***、**和*分别表示在0.01、0.05和0.1的水平（双侧）上显著相关。

从表6-10的多元回归结果可以看出：在“签字注册会计师五年强制轮换制度”实施之后，以审计意见类型作为被解释变量，在全样本视角下，会计师事务所变更（CHG）的回归系数在1%的水平上显著为正，这表明在会计师事务所变更当年，客户更可能收到“非标”审计意见；然而，在变更样本视角下，换“所”不换“师”式变更（CHG_CPA）的回归系数在1%的水平上显著为负，这说明相比其他形式的会计师事务所变更，签字注册会计师流动并携带客户“同步流动”而形成的“共进退”式变更更有助于审计意见的改善，客户有可能通过这种特殊形式的会计师事务所变更达到审计意见购买的目的。进一步地，在换“所”不换“师”式变更样本视角下，审计任期（TENURE）的回归系数为负但不显著，这表明签字注册会计师与“老客户”管理层之间的私人关系越密切，越有可能出具对客户有利的标准审计意见，但这一作用效果受到了“签字注册会计师五年强制轮换制度”的影响；换言之，审计轮换制度的实施是有成效的且有实际必要的。

6.5 本章小结

本章基于人际关系理论，选取1998—2011年我国上市公司为样本，以签字注册会计师流动是否带走客户为标准，对会计师事务所变更的具体形式进行划分，建立审计意见估计模型和多元线性回归模型，重点考察了换“所”不换“师”式变更对审计意见的影响。

研究结果显示：在“签字注册会计师五年强制轮换制度”实施之前，上市公司更换会计师事务所之后，审计意见并未得到改善，然而，换“所”不换“师”式变更却有助于审计意见的改善，上市公司有可能通过这种特殊形式的变更实现审计意见购买；而且，在换“所”不换“师”式变更下，签字注册会计师在变更前的任期越长，越有可能出具标准审计意见。但在“签字注册会计师五年强制轮换制度”实施之后，该制度对公司管理层通过换“所”不换“师”式变更实施审计意见购买的行为起到了一定的限制作用。总体而言，换“所”不换“师”式变更很可能会对签字注册会计师的独立性产生一定的负面影响，为客户出具有失公允的审计意见，需要广大投资者及监管部门给予足够的重视与监督。这一结论也直接佐证了我国证监会及财政部于2003年联合发布的《关于证券期货审计业务签字注册会计师定期轮换的规定》是切合实际需要的，但实际执行效果如何尚待深入研究。此外，本章的研究结论也说明我国证监会于1996年颁布的《上市公司聘用和更换会计师事务所有关问题的通知》以及2007年出台的《上市公司信息披露管理办法》中关于会计师事务所变更事项披露的规定，是有科学依据和现实意义的，但这些法规条例并未对会计师事务所变更的形式和实质进行细分和规定，有待进一步完善。

第 7 章
换"所"不换"师"式变更对审计费用影响的实证研究

7.1 引言

已有研究表明，审计费用的高低是公司选聘会计师事务所的一项重要标准（Eichensecher and Shields，1986），也可能成为公司变更会计师事务所的主要动因（Bedingfield and Loeb，1974）。由此，会计师事务所变更与审计费用之间的关系成为会计学界较为关注的话题。通过对相关研究文献的梳理，我们可以发现，国内外学者关于此问题的研究结论并不一致：二者关系可能呈现为会计师事务所变更后审计费用上升、下降或二者之间无显著关系三类（Paul and Abhijit，2010；Whisenant，Sankaraguruswamy and Raghunandan，2003；宋衍蘅、殷德全，2005）。

但值得注意的是，以往关于会计师事务所变更与审计费用之关系的研究，大都定位在会计师事务所层面，鲜有同时考虑签字注册会计师个人因素的影响。然而，在审计实务中，审计费用的确定却与签字注册会计师个人不无直接或间接的联系，他们的审计经验与专业胜任能力都会对审计费用的谈判结果产生影响，尤其是当客户资源控制权掌握在签字注册会计师手中时，他们对审计定价的作用更为明显（胡奕明，2004）。而且，在我国审计市场上，一些签字注册会计师跳槽时，客户会随他投奔"新东家”，形成一种“业务随人走”的换“所”不换“师”式变更现象，这种特殊形式的变更反映了签字注册会计师与客户管理层之间的特殊的人际关系（谢盛纹、闫焕民，2012），并可能对客户资源控制权产生特定影响。遗憾的是，关于这种特殊形式的会计师事务所变更现象对审计费用影响的研究十分少见。鉴于此，本章拟用2001—2011年我国上市公司会计师事务所变更数据为样本，以签字注册会计师个人流动为视角，考察换“所”不换“师”式变更对审计费用的特定影响，以期为更全面地理解会计师事务所变更影响审计收费提供经验证据。

7.2 理论分析与研究假说

7.2.1 换“所”不换“师”式变更对审计费用的影响

众所周知，审计业务的承接与审计费用的确定往往由会计师事务所与上市公司管理层谈判决定。然而，当客户资源掌握在签字注册会计师个人手里时，签字注册会计师与上市公司管理层人员之间“不寻常”的人际关系与审计业务的接洽、任务安排以及审计收费的确定存在某种联系（胡奕明，2004）。根据黄光国（2006）、谢盛纹和闫焕民（2012）对人际关系理论的表述，上市公司管理层与签字注册会计师在合作之初，因工作需要保持一种正常聘任关系下的“工具性人际关系”。当上市公司跟随签字注册会计师流动并一起投奔到“新东家”时，上市公司与前任会计师事务所的工作关系解除，但其与签字注册会计师的个人关系依然维系着，并且二者的人际关系从最初的“工具性关系”很可能演变为“混合性关系”，甚至是“情感性关系”，本研究将这种特殊的个人关系界定为私人关系。当签字注册会计师跳槽至“新东家”，上市公司很可能出于节约审计费用的考虑，或进行持续的审计意见购买行为，或对早前操纵盈余行为的掩饰，选择跟随签字注册会计师流动到“新东家”。上市公司管理层人员的这种追随行为彰显了签字注册会计师拥有该客户资源甚至是其他丰富的客户资源，有利于巩固该签字注册会计师在“新东家”的利益和地位。因此，本着“互利”原则或对老客户追随意图的妥协，签字注册会计师很可能与“新东家”协商或利用其他途径，尽可能地为老客户节约审计费用，以报答老客户的“追随恩情”。同时，“新东家”可能出于自身利益考虑与对签字注册会计师情面的顾及，允诺“折价”接纳老客户，防止他们因对价格过高不满而寻求报价更低的“合作者”。

从审计服务的专业角度看，私人关系的存在很可能使得换“所”不换“师”式变更与其他变更情况下的签字注册会计师在专业胜任能力、独立性方面具有显著差异，从而影响审计收费的定价。具体而言，签字注册会计师在流动之前为“老客户”提供审计服务的过程中，累积了与该客户相关的专业性知识和经验，相比其他注册会计师更加了解客户的经营状况、行业环境及风险水平。因此，这些签字注册会计师拥有更丰富的客户特定知识，甚至行业特定知识。[①]在他们跳槽之后，继续对老客户提供审计服务，通常更能够驾轻就熟地对项目团队资源进行合理地分配，凭借其对客户熟悉程度的自信，更有针对性地制定与采用了解客户及其环境的风险评估程序，以及了解客户财务会计制度、内部控制等方面的审计程序，减少不必要的分析性测试或重新计算程序，由此减少了审计团队的工作量，缩短了审计时间，节省了审计证据的搜集成本，从而节约了审计成本支出。同时，随着签字注册会计师对老客户审计次数的增加，其对老客户的生产经营特点、行业竞争地位以及内部控制制度愈发了解，有利于发挥“干中学”效应。由此，签字注册会计师更有可能制订出高效、合理的审计计划，提升整个团队的工作效率，相对缩短审计时间，从而呈现为换“所”不换“师”式变更有助于降低审计费用。

但值得注意的是，在这种“共进退”式的换“所”不换“师”变更下，审计风险与签字注册会计师的独立性也会随着这种关系的发展而产生变化。相比其他变更形式，换“所”不换“师”式变更的签字注册会计师更容易掌握老客户财务报表重大错报的可能领域，或者根据以往经验对重要性水平做出更为科学或合理的判断，从而降低检查风险，提高审计效率，减少审计收费中对风险的溢价要求。此外，通过对我国资本市场上审

① Deangelo（1981）将审计师在审计过程中使用的知识分为了三类，即通用的知识、行业特定知识和客户特定知识。

计失败案例的观察，我们发现监管部门对违规的签字注册会计师处以吊销会计师执照的概率极低，这可能导致签字注册会计师降低对风险因素的敏感度，使其忽略因维系这种关系而可能导致的诉讼风险升高，从而放弃索取高额的风险溢价。因此，在换“所”不换“师”式变更下的风险溢价有可能低于其他形式的会计师事务所变更。

综上所述，在换“所”不换“师”式变更下，签字注册会计师个人的综合特性及其与上市公司管理层之间存在的特殊私人关系可能导致相对较低的审计费用。因此，提出本章的研究假设1：

在其他条件相同的情况下，换“所”不换“师”式变更后的审计费用低于其他形式变更后的审计费用。

7.2.2　私人关系密切程度对审计费用的影响

7.2.1基于签字注册会计师流动的视角，分析了在“业务随人走”而形成的换“所”不换“师”式变更与其他形式变更之后，审计费用是否存在差异。然而，这些分析并未考虑签字注册会计师与上市公司管理层之间的特殊私人关系的密切程度对审计费用可能产生的差异化影响。

一般而言，签字注册会计师在为客户提供财务报告审计服务的过程中，不断积累了该客户所在行业的专业知识和客户特定知识。随着审计委托关系的期限延长，这些特定相关知识形成的专有性审计资产也越雄厚。这在强化签字注册会计师个人及其项目团队的专业胜任能力的同时，也增加了他们对上市公司相关环境的熟悉程度。因此，签字注册会计师对上市公司的经营情况越了解，风险识别越准确，设计的审计程序也随之越具有相关性，这些都有利于审计费用的降低。另一方面，签字注册会计师在流动之前对客户公司的审计任期越长，他们与客户公司管理层之间的这种私人关系越密切，其“报答”这些“老客户”或向其特定需求妥协的意图越强烈。在这种情况下，签字注册会计师更有可能为老客户利益考虑，为其申请更多的审计费用节约，使其获得更低的费用“折扣”。因此，进一步提出本章的研究假设2：

在换“所”不换“师”式变更下，签字注册会计师在变更之前对老客户的审计任期越长，变更之后的审计费用越低。

7.3 研究设计

7.3.1 数据来源与样本选取

本章选取2001—2011年我国沪、深两市主板市场上发生了会计师事务所变更的上市公司数据为初始研究样本，数据主要来源为CSMAR数据库和Wind数据库。其中，会计师事务所变更不包括变更之后的会计师事务所为前任会计师事务所发生合并或拆分后结果的情况；换“所”不换“师”式变更样本数据是严格依据数据库相关信息、上市公司年报等，进行手工搜集的结果。在初始研究样本的基础上，遵照学者研究惯例，我们剔除了行业性质较为特殊的金融保险类上市公司以及主要财务数据缺失或存在极端异常值的上市公司，最终获得研究样本观测值为1 193个，其中客户追随签字注册会计师“同步流动”而形成的换“所”不换“师”式变更样本观测值为162个，具体的样本筛选过程见表7-1。

表7-1 **样本筛选过程** 单位：个

2001—2011年	变更样本	换“所”不换“师”式变更样本
初始观测值数量	1 395	176
减：金融保险类上市公司	19	0
数据缺失及异常值	183	14
最终样本观测值数量	1 193	162

7.3.2 变量设定与模型设计

1）变量设定

根据本章的研究目标及内容，选取的研究变量及其说明如下：

（1）审计费用（LNFEE）

在本章研究中，审计费用（LNFEE）的度量方法是上市公司支付给会计师事务所的审计费用的自然对数。其中，数据库中的原始审计费用数据存在较多缺失，我们通过查询中国证监会公布的公告、上市公司审计报告说明及其他相关数据信息，对缺失数据进行了手工补充。

（2）换“所”不换“师”式变更（CHG_CPA）

上市公司在更换会计师事务所时，若选择追随签字注册会计师流动并改聘“新东家”，这种“共进退”式变更即为换“所”不换“师”式变更，属于此类变更取值为1，否则取值为0。

（3）私人关系的密切程度（TENURE）

本章采用换“所”不换“师”式变更下的签字注册会计师任期作为私人关系密切程度的替代度量。在换“所”不换“师”式变更的情况下，签字注册会计师任期是指带走客户的签字注册会计师在流动之前对该客户的审计任期，若两位签字注册会计师同时流动并带走客户，则选择二者任期中的较长者。

（4）其他变量

在研究模型设计中，根据研究目标并借鉴了Lennox（2000），张继勋和徐奕（2005）等研究经验，控制了公司规模、审计业务复杂度、财务状况与盈利能力、会计师事务所规模、年度和行业等因素，各变量的定义及计算方法详见表7-2。

2）模型设计

（1）换“所”不换“师”式变更与审计费用的检验模型

为了检验换“所”不换“师”式变更与审计费用变化之间的相关关系，我们以上市公司是否追随签字注册会计师“同步流动”为依据，将会计师事务所变更形式划分为两种：换“所”不换“师”式变更（CHG_CPA）和其他形式变更（OTHER_C）。由此，我们借鉴Lennox（2000）及张继勋、徐奕（2005）等的研究经验，结合我国审计市场的特征，基于会计师事务所变更的全样本建立数学模型（7-1）：

$$LNFEE = a_0 + a_1CHG\_CPA + a_2SIZE + a_3SUBQ + a_4ROE + a_5TAGR + a_6BIG + a_7EM + a_8LNGDP + YEAR + INDUSTRY + \varepsilon \quad (7-1)$$

其中，被解释变量LNFEE表示审计费用的自然对数；主要解释变量CHG_CPA表示换“所”不换“师”式变更；ε表示残差项。

表7-2 **变量说明**

变量类别	变量名称	变量符号	变量说明
被解释变量	审计费用	LNFEE	前已叙及,不再赘述
解释变量	换“所”不换“师”式变更	CHG_CPA	前已叙及,不再赘述
	审计任期	TENURE	前已叙及,不再赘述
控制变量	公司规模	SIZE	上市公司总资产的自然对数
	审计业务复杂度	SUBQ	子公司数量的平方根
	财务状况	ROE	净资产收益率,即净利润与净资产的比值,衡量上市公司盈利能力和财务状况
	成长性	TAGR	总资产增长率,即上市公司变更年度的总资产增量(或减量)与变更前一年度的总资产的比值,衡量上市公司的发展能力
	会计师事务所规模	BIG	若变更后的会计师事务所为国际“四大”或“五大”则取1,否则为0
	偿债能力	EM	权益乘数,即资产与所有者权益的比值,考察上市公司的长期偿债能力
	地区生产总值	LNGDP	变更年度上市公司注册所在地的GDP的对数,衡量通胀率对审计费用的影响
	年度变量	YEAR	虚拟变量,区分年度
	行业变量	INDUSTRY	虚拟变量,区分行业

(2) 私人关系的密切程度与审计费用的检验模型

为了检验在换“所”不换“师”式变更下，签字注册会计师与“老客户”之间的私人关系的密切程度（变更之前的审计任期）与审计费用之间的关系，基于换“所”不换“师”式变更样本，构建数学检验模型（7-2）:

$$LNFEE = a_0 + a_1 TENURE + a_2 SIZE + a_3 SUBQ + a_4 ROE + a_5 TAGR + a_6 BIG + a_7 EM + a_8 LNGDP + YEAR + INDUSTRY + \varepsilon \quad (7-2)$$

其中，被解释变量LNFEE表示审计费用的自然对数；主要解释变量TENURE表示在换“所”不换“师”式变更下签字注册会计师的审计任期，作为私人关系密切程度的替代度量；ε表示残差项。

7.4 实证分析

7.4.1 描述性统计

表7-3列示了检验模型中主要变量的描述性统计结果。从表7-3中可以看出，在换“所”不换“师”式变更下的审计费用自然对数的均值约为13.014，低于变更全样本的审计费用自然对数的总体均值（约为13.098），也低于在其他形式变更下的审计费用自然对数的均值（约为13.111）。而且，样本组间差异已通过独立样本T检验（T值为-1.964，p值0.050），这初步表明签字注册会计师带走客户而形成的换“所”不换“师”式变更会对审计费用产生不同于一般形式会计师事务所变更的差异化影响。

表7-3　**描述性统计**

	obs	mean	median	min	max	std
全样本之LNFEE	1 193	13.098	13.017	11.513	16.077	0.587
CHG_CPA之LNFEE	162	13.014	12.899	11.513	15.384	0.546
OTHER之LNFEE	1 031	13.111	13.111	11.513	16.077	0.592
SIZE	1 193	21.287	21.201	16.508	26.099	1.233
SUBQ	1 193	2.540	2.450	0	10	1.652
ROE	1 193	-0.008	0.051	-18.786	5.129	0.722
TAGR	1 193	0.535	0.058	-0.980	78.383	4.326
EM	1 193	4.559	2.808	0	56.795	5.107
BIG	1 193	0.070	0	0	1	0.263
LNGDP	1 193	8.993	9.088	4.984	1.882	0.943
TENURE	162	2.720	2	1	9	1.778

7.4.2 相关性分析

表7-4报告了本章检验模型所包括的主要变量之间的Pearson相关系数分析结果。从表7-4的Panel A可以看出，在会计师事务所变更的全样本下，LNFEE与CHG_CPA呈显著负相关关系，从而初步表明会计师事务所的具体变更形式对审计费用会产生影响，并且换“所”不换“师”式

的变更比其他变更形式的审计费用要低。签字注册会计师流动并带走客户行为的背后，隐藏着上市公司管理层与签字注册会计师的超“工具性”关系的交情，这层关系会对审计费用产生特定影响。其次，LNFEE与多数控制变量的相关性均较为显著，且各控制变量的系数都在合理范围之内，表明该模型设计合理，具有一定的解释力。从表7-4的Panel B可以看出，LNFEE与TENURE显著负相关，即初步表明在换“所”不换“师”的样本下，变更前签字注册会计师的审计任期越长，上市公司管理层与签字注册会计师的私人关系越密切，导致变更后的审计费用水平越低。

表7-4　　　**Pearson相关系数矩阵**

Panel A：模型（1）

	LNFEE	CHG_CPA	SIZE	SUBQ	ROE	TAGR	EM	BIG	LNGDP
LNFEE	1	-0.057*	0.607**	0.450**	0.051	0.101**	0.029	0.393**	0.240**
CHG_CPA	-0.057*	1	0.006	0.016	0.027	-0.040	-0.065*	0.036	-0.083**
SIZE	0.607**	0.006	1	0.352**	0.108**	0.178**	0.079**	0.255**	0.215**
SUBQ	0.450**	0.016	0.352**	1	0.070*	0.112**	0.025	0.144**	0.164**
ROE	0.051	0.027	0.108**	0.070*	1	0.090**	-0.058*	0.029	0.008
TAGR	0.101**	-0.040	0.178**	0.112**	0.090**	1	0.066*	-0.021	0.067*
EM	0.029	-0.065*	0.079**	0.025	-0.058*	0.066*	1	-0.018	0.010
BIG	0.393**	0.036	0.255**	0.144**	0.029	-0.021	-0.018	1	0.068*
LNGDP	0.240**	-0.083**	0.215**	0.164**	0.008	0.067*	0.010	0.068*	1

Panel B：模型（2）

	LNFEE	TENURE	SIZE	SUBQ	ROE	TAGR	EM	BIG	LNGDP
LNFEE	1	-0.168*	0.659**	0.467**	0.154	0.107	0.067	0.273**	0.220**
TENURE	-0.168*	1	-0.031	0.035	-0.046	-0.108	0.019	-0.110	-0.047
SIZE	0.659**	-0.031	1	0.295**	0.152	0.257**	0.087	0.201*	0.200*
SUBQ	0.467**	0.035	0.295**	1	0.142	0.134	0.054	0.183*	0.166*
ROE	0.154	-0.046	0.152	0.142	1	0.374**	-0.050	0.026	0.009
TAGR	0.107	-0.108	0.257**	0.134	0.374**	1	-0.021	-0.043	0.014
EM	0.067	0.019	0.087	0.054	-0.050	-0.021	1	-0.099	0.093
BIG	0.273**	-0.110	0.201*	0.183*	0.026	-0.043	-0.099	1	0.007
LNGDP	0.220**	-0.047	0.200*	0.166*	0.009	0.014	0.093	0.007	1

注：***、**和*分别表示在0.01、0.05和0.1的水平（双侧）上显著相关。

7.4.3 多元回归分析

表7-5列示了模型（7-1）、模型（7-2）的多元回归结果。

表7-5 **多元回归结果**

	模型(7-1)	模型(7-2)
（常量）	8.194***(30.016)	6.788***(8.021)
CHG_CPA	-0.099***(-2.716)	
TENURE		-0.051***(-2.612)
SIZE	0.205***(17.244)	0.271***(7.390)
SUBQ	0.090***(10.604)	0.081***(3.851)
ROE	-0.023(-1.326)	0.031(0.240)
TAGR	-0.002(-0.688)	-0.315(-1.553)
EM	0(-0.190)	-0.002(-0.255)
BIG	0.553***(11.275))	0.143(1.004)
LNGDP	0.040**(2.563)	0.046(1.034)
YEAR	控制	控制
INDUSTRY	控制	控制
$R^2(AdjR^2)$	0.519(0.503)	0.622(0.510)
F值	32.713***	5.523***
观测值	1 193	162

注：***、**和*分别表示在0.01、0.05和0.1的水平（双侧）上显著相关。

模型（7-1）的回归结果显示，CHG_CPA与LNFEE显著负相关，这支持了研究假设1，验证了换“所”不换“师”式变更后的审计费用低于比其他变更形式。在初次审计时，鉴于其他变更形式中的继任会计师事务所需要重新对客户进行必要了解以及风险评估，往往存在较高的初始成本和变更成本。相比之下，在换“所”不换“师”式变更下签字注册会计师能够继续利用对“老客户”的专用性知识和经验，使其对上市公司的基本情况与风险程度更为了解，在继续服务的过程中可以省去部分重新了解和评估客户的审计程序，从而缩短了审计时间。此外，出于对老客户“追随恩情”的报答，签字注册会计师跳槽后的“新东家”也在会给予老客户价格上的让步。因此，在换“所”不换“师”式变更下，因签字注册会计师个人因素的特殊性导致审计费用低于其他形式变更。

从模型（7-2）的回归结果看来，在换“所”不换“师”的变更样本下，TENURE与LNFEE显著负相关，研究假设2通过检验，说明在换“所”不换“师”式变更下，签字注册会计师在变更之前对老客户的审计任期越长，变更之后的审计费用越低。一般而言，签字注册会计师与老客户之间的私人关系越密切，两者的相互依赖程度越高，签字注册会计师和“新东家”很可能为了锁定该客户资源而给予更多的“折扣”。同时，在这种情况下，签字注册会计师对上市公司的熟悉程度、风险评估与内部控制等相关信息都更加了解，继续提供审计服务时可以简化了解客户的部分审计程序，能够显著降低审计收费。

此外，在控制变量方面，SIZE、SUBQ均与LNFEE呈显著正相关关系，这说明上市公司规模与业务复杂程度越大，对审计服务的需求范围越大，审计费用越高。而会计师事务所规模BIG与LNFEE呈正相关关系，这表明大所相对于小所收取更高的审计费用。同时，我们使用LNGDP作为对通胀率的控制指标，结果显示LNGDP与LNFEE正相关，即上市公司所在地区的通胀率与审计收费水平同向变化，这与实际情况相吻合。

7.4.4 进一步测试

从逻辑学上讲，会计师事务所“变更”的“逻辑非”是“不变更”，而签字注册会计师流动并“带走客户”（CHG_CPA）的“逻辑非”就是签字注册会计师流动但“不带走客户”（NCHG_CPA）。由此，本章限定签字注册会计师发生流动的会计师事务所变更样本，并采用CHG_CPA样本与NCHG_CPA样本建立对照样本组，考察在对照组中假设（7-1）是否仍然成立。根据表7-6回归结果可以看出，CHG_CPA与LNFEE显著负相关，说明换“所”不换“师”式变更后的审计费用低于NONCHG_CPA，这也验证了换“所”不换“师”的低审计费用确实与签字注册会计师的个人因素有密切的关系，增强了本章研究结论的稳健性。

表7-6　**进一步测试回归结果**

	模型(7-1)
(常量)	6.273***(14.020)
CHG_CPA	-0.085*(-1.673)
YEAR、INDUSTRY	控制
$R^2(AdjR^2)$	0.557(0.499)
F值	9.656***
观测值	331

注：***、**和*分别表示在0.01、0.05和0.1的水平（双侧）上显著相关；限于篇幅，本表只列示了主要变量的回归结果。

7.4.5　稳健性测试

根据“签字注册会计师五年强制轮换制度”的规定，签字注册会计师与上市公司的连续审计业务关系一般不能超过5年，这可能限制了这种关系的持续发展，由此对审计费用可能产生差异化影响。为了增强研究结论的可靠性，本章将样本区间划分为2001—2003年和2004—2011年两个时段，分别对两个样本进行假设1和假设2的检验。此外，本章参考张继勋、徐奕（2005）的研究方法，考虑到中注协从2004年起对国内会计师事务所进行公开排名，因此，在2004—2011年样本区间的检验模型中，采用BIG4&10考察会计师事务所规模。BIG4&10表示国际“四大”和国内“十大”，其中国内“十大”是根据每年中注协公布的会计师事务所排名的前十名确定。

根据表7-7的回归结果来看，无论是在2001—2003年的样本区间，还是在2004—2011年的样本区间，回归结果均显示LNFEE与CHG_CPA显著负相关，与本章主测试部分结果一致，增强了本章研究结论的稳健性。在2001—2003年样本区间中，模型（7-2）回归结果显示TENURE与LNFEE显著负相关，而在2004—2011年样本区间中两者负相关但不显著，这说明“签字注册会计师强制轮换制度”可能影响了私人关系对审计费用的特定影响。

表 7-7　**稳健性测试回归结果**

	对照组	2001—2003		2004—2011	
		模型(7-1)	模型(7-2)	模型(7-1)	模型(7-2)
CHG_CPA	-0.085*(-1.673)	-0.085*(-1.653)		-0.120**(-2.148)	
TENURE			-0.061*(-2.149)		-0.005 (-0.147)
YEAR、INDUSTRY	控制	控制	控制	控制	控制
$R^2(AdjR^2)$	0.557(0.499)	0.428(0.384)	0.600(0.428)	0.508(0.485)	0.752(0.543)
F值	9.656***	9.611***	3.497***	21.868***	3.602***
观测值		416	91	777	71

注：***、**和*分别表示在 0.01、0.05 和 0.1 的水平（双侧）上显著相关；限于篇幅，本表只列示了主要变量的回归结果。

7.5　本章小结

本章选取了 2001—2011 年我国沪、深两市发生了会计师事务所变更的上市公司为样本，以签字注册会计师流动带走客户为依据，将会计师事务所变更的具体形式划分为换“所”不换“师”式变更与其他形式变更，着重考察了换“所”不换“师”式变更对审计费用产生的影响。研究结果显示：换“所”不换“师”式变更后的审计费用显著低于其他形式的变更；进一步地，在换“所”不换“师”式变更下，签字注册会计师在变更前对老客户的审计任期越长，变更后的审计费用越低。这就表明：有可能是签字注册会计师对老客户积累的专用性知识和经验能够提高变更后审计的效率，节约审计成本；也有可能是在变更前签字注册会计师的审计任期越长，其对“老客户”的经营、财务状况越了解，审计效率越高，因此节约了更多的审计时间与审计成本，能够更大程度地降低审计费用；还有可能是基于自身利益考虑和对“追随恩情”的报答，签字注册会计师和“新东家”可能“折价”接纳“老客户”；更有可能是以上各种“可能性”的混合体。也许我们没有必要去探究其最终的“可能性”，而更应该关注的是，在这些被折去的审计费用中可能蕴含了签字注册会计师独立性的损坏、在审计过程中上升的检查风险和被签字注册会计师忽略的诉讼风险。

此外，本章进行了以上市公司不跟签字注册会计师“走”的变更样本为逻辑对照组，并根据我国于2004年起执行的“签字注册会计师五年强制轮换制度”，对样本区间进行分段作稳健性测试。结果显示，换“所”不换“师”的低额审计费用确实与签字注册会计师个人因素有密切关系，并且“签字注册会计师五年强制轮换制度”可能阻碍了这种关系的持续发展，从而缓解了这种关系对审计费用产生的特定影响。

第 8 章

换"所"不换"师"式变更的市场反应研究

8.1 引言

据《中国证券报》报道，2011年我国沪市有118家公司变更了会计师事务所，占全部沪市公司的12.58%，同比上涨1.61%。事实上，近年来我国证券市场上会计师事务所变更频率一直居高不下，[①]这引起了学术界和监管部门的广泛关注。

截至目前，在学术研究方面，关于会计师事务所变更问题的文献研究非常多，研究的视角和方法各具特色，研究结论也丰富多样。在证券监管方面，我国证券监督管理委员会也针对上市公司变更会计师事务所事项出台了一系列的政策法规，[②]要求上市公司就此编制重大事项报告予以对外披露，且在必要时说明变更的具体原因。从理论上讲，此类研究或法规的最终目标无非是期望有助于投资者捕捉并解读会计师事务所变更行为所承载的内涵信息，提高注册会计师审计在降低信息不对称等方面的效用，最

① 据中国注册会计师协会的相关统计数据，自2000年以来，我国A股市场发生会计师事务所变更事项的平均比率一直保持在10%左右（仅2003年约为6%），这大大超过了国际成熟资本市场3%～4%的平均水平。

② 自1993年以来，我国证监会陆续颁布了《公开发行股票公司信息披露实施细则（试行）》及《关于上市公司聘用、更换会计师事务所（审计师事务所）有关问题的通知》等一系列政策法规，大都要求上市公司对会计师事务所变更事项以编制重大事件公告书的公开方式向广大投资者及相关信息使用者披露，必要时说明变更的原因。

终保护投资者利益。然而，关于会计师事务所变更信息披露的政策法规在实务中的执行效果却不容乐观。在我国证券交易市场上，纵然有关会计师事务所变更事项披露的政策法规实施已久，但实际上基本没有贯彻执行，对变更事项编制专项公告进行披露的上市公司不足四分之一，[①]大多上市公司选择将变更事项“隐藏”在信息繁杂的股东大会决议或年度报告中，且在所有此类报告中亦有超过三分之一的公司选择不披露会计师事务所变更的具体原因，或者所披露原因实乃无关痛痒的表面说辞，即披露原因整体缺乏实质性。[②]姑且撇开这种“隐藏信息”（hidden information）行为是否为公司管理层“有意而为之”，但这至少会影响现有或潜在投资者对这一信息的及时获取和有效解读。

更加有趣的是，在众多会计师事务所变更案例中，有为数不少的上市公司选择与签字注册会计师“共进退”，从而呈现出一种换“所”不换“师”的特殊变更现象（约占8.4%），而与此相关的信息披露公告却十分罕见，这种信息缺失也势必会限制投资者对这种“特殊”形式变更及其潜在利益关系本质的鉴别。如此一来，作为会计师事务所变更事项的最重要利益相关群体之一的投资者，还能否有效捕捉会计师事务所变更这一重要信号并做出合理的反应？能否对承载着特定信息含量的换“所”不换“师”式的特殊变更加以甄别？关于这些在现实中普遍存在且十分重要的问题，在目前的相关研究文献中罕有涉及或解答。鉴于此，本章拟采用事件研究法，利用2004—2011年我国A股上市公司会计师事务所变更数据，对上述问题予以剖析和解读，这不仅能够丰富会计师事务所变更问题的文献研究，对于完善我国上市公司对会计师事务所变更事项的信息披露制度也有一定的借鉴和参考意义。

本章可能的贡献有以下两点：（1）截至目前，基于我国证券市场环境

① 据本章研究搜集数据显示，在2004—2011年期间发生的1 051件会计师事务所变更案例中，编制了“会计师事务所变更”专项公告（以变更事项为标题或公告内容仅涉及变更事项）并对外披露的公司仅有257家（约占24.5%）。本章界定的会计师事务所变更不包含因会计师事务所整体合并、分所撤销或被其他会计师事务所吞并、会计师事务所“一分为二”且各分所被其他会计师事务所吞并等情况导致的变更。此外，由于我国证监会及财政部于2003年10月出台的“签字注册会计师五年强制轮换制度”可能对本章关于注册会计师任期相关分析产生影响，故选取样本区间始于2004年。

② 在1 051件会计师事务所变更案例中，约有319家公司未披露变更具体原因，约占30.4%，而在披露变更原因的公司中亦有超过半数的公司声称因“公司业务变化、会计师事务所业务繁忙或合同期满”等无关痛痒的表面说辞，仅有33家宣称因“审计费用或审计意见未达成一致”而改聘会计师事务所。

和制度背景，对会计师事务所变更事项产生的市场反应进行研究的文献并不多，尚无具体考察上市公司是否对此事项进行专项公告披露及其市场反应的相关文献，而信息披露选择或“隐藏信息”行为对投资者猎取并消化这一信息却是影响甚大，本章拟对上市公司会计师事务所变更信息披露选择及其市场反应进行考察，以期为这一方面的文献研究做出边际贡献；（2）对于上市公司追随签字注册会计师“跳槽”而形成的换“所”不换“师”式变更，投资者能否察觉这其中隐含的特殊利益关系本质并做出合理的反应？本章试图以人际关系理论为基础对这一问题进行分析，以助于投资者及证券监管部门对这一问题的深入解读。

8.2 理论分析与研究假说

8.2.1 会计师事务所变更的市场反应

众所周知，注册会计师审计作为上市公司会计信息的重要鉴证手段，在合理保证上市公司会计信息质量、维护投资者利益等方面发挥着重要作用。因此，会计师事务所及注册会计师的变更事件必然承载着特定的信息含量并可能会引起投资者反应。本章将上市公司对会计师事务所变更事项进行专门披露的公告界定为专项公告，包括以会计师事务所变更事项为标题的公告和内容仅包含会计师事务所变更事项的非标题公告。下面我们试图从会计信息质量变化、信息含量及信号传递等方面对会计师事务所变更事项及其市场反应予以剖析。

在公司会计信息提供者（一般为公司管理层）——会计师事务所（注册会计师）——会计信息使用者（一般为投资者和监管者）这一审计关系链条中，中间桥梁——会计师事务所（注册会计师）的变化势必会引起审计关系的变化与重构，在我国审计市场竞争较为激烈的现实环境下，继任会计师事务所及注册会计师与公司管理层之间建立的初始审计关系是“配合”还是“不配合”？这在现实审计服务中十分重要。此外，由于前、后任注册会计师及其审计团队在专业胜任能力和独立性等方面都会存在或多或少的差异，尤其是前、后任会计师事务所在规模和行业专门化水平方面存在较大差距时，很可能导致审计质量也随之发生变化。审计关系及审计质量的变化意味着上市公司财务会计信息的质量及其可信性可能发生变化。我们知道，会计信息是广大投资者评估上市公司的市场价值及其成长潜力，并据以做出分析和判断的重要信息来源之一。换言之，拟投资对象的会计信息可信赖程度将直接左右投资者的决策，即市场感知的上市公司会计信息质量越高，投资者对其越信赖，对其发行的股票越青睐；反之，则越怀疑和规避。然而，在我国资本市场尚处于弱势有效且会计信息披露制度尚不完善的背景下，被市场感知的会计信息的数量及质量直接取决于上市公司的信息披露政策。对于会计师事务所变更事项信息披露而言，暂且不考虑专项披露公告与非专项披露公告在具体内容方面的可能差异，毋庸置疑，以会计师事务所变更事项为标题的专项公告仅其标题就承载着相关性较强的信息含量，更容易引起投资者的及时关注和进一步解读，从而有助于其做出相应的投资决策；即使那些并非以会计师事务所变更事项为标题但内容仅包含会计师事务所变更事项的专项公告，相比那些将会计师事务所变更事项隐藏在年报、股东大会决议等信息含量极大的非专项公告，前者携带的相关信息也更容易被投资者识别和猎取，有助于节省投资者的信息搜寻成本，从而增加投资者的信息解读兴趣，提高信息的市场感知程度。尤其是会计师事务所变更信息作为一项会计信息商品，使用者越多，价值越大。专项披露公告有助于会计师事务所变更信息更容易地被更多的投资者感知和解读，从而更充分地实现其作为信息商品的使用价值，而这一使用价值的最主要体现方式之一就是投资者据其做出的决策反应。

更为重要的是，上市公司变更会计师事务所事项所承载的信息含量绝非仅仅是公司中介机构变换行为这样简单，其背后暗含着公司层面及人际层面的诸多因素。已有研究表明，会计师事务所变更内在动因的差异会导致披露选择的差异。事实上，会计师事务所变更的原因除了公司在公告中通常所宣称的“公司主营业务发生变化”、“会计师事务所业务繁忙”、“根据法规要求更换会计师事务所”等多数表面原因外，其背后还可能暗含着一些“不为人知”的潜在实质原因，比如公司管理层与注册会计师在会计处理、审计意见等方面存在分歧而改聘另外一家较为“配合”或“支持”

自己的会计师事务所，公司大股东或高管变更导致控制权转移，为保证审计业务合作关系“便利”而更换一家新任高管自认为比较“合适”的会计师事务所等。当然，我们不能排除一些公司确实因为经营规模扩大等“利好”因素而改聘与自身发展规模相匹配的会计师事务所，以确保审计业务的正常有序进行。根据信号传递理论，在信息不对称的情况下，这些存在“利好”变更因素的上市公司通常有动机将这一信号传递给外部信息使用者，而且管理层通常更愿意采用专项公告的方式对外披露，以期获得较好的市场反应。因为专项公告相对于非专项公告而言，仅其标题就携载了相关性更为明显的信息，更易引起信息使用者的兴趣和关注。然而，由于公共信息披露规范与责任的限制，信号传递方式也会成为管理层选择性信息披露以掩盖具备价值含量的实用信息的一种隐性手段，在目前我国上市公司会计信息强制性披露制度尚不完善的背景下，这种隐藏信息现象尤为明显。根据隐藏信息模型可知，作为代理人的公司管理层可以选择是否报告会计师事务所变更决策的自然选择过程；作为终极委托人的投资者只能观测到管理层的行动结果，但无法观测到其自然选择。因此，那些基于“不便”对外披露真实原因（至少不是“利好”因素）而变更会计师事务所的公司可能更倾向于选择“隐藏行动”（hidden action），不披露其变更决策的“自然选择”过程，或者索性“隐藏信息”（hidden information）。公司管理层采用非专项公告披露会计师事务所变更事项或不披露变更事项的实质原因，甚至不发布变更事项公告的行为，恰恰都是隐藏信息的直接表现。由此一来，信息隐藏行为使得投资者无法准确判断管理层在做出会计师事务所变更决策时是否选择了与投资者利益一致的行动，进而影响其决策效率和效果。

综上所述，上市公司变更会计师事务所导致了审计关系的重构及会计信息质量的可能变化，并向外界信息使用者传递了一系列或明或暗、或好或坏的重要信号，在投资者能够充分捕捉到这些信号的前提下，理应能够通过股票“抛售”或“持有”等决策行为做出合理的反应。事实上，已有研究表明，上市公司更换会计师事务所会产生明显的市场反应。例如 Fried and Schiff（1981）研究发现，投资者对公众公司变更会计师事务所行为在整体上持怀疑态度，事件公告日的市场反应显著为负。Smith

(1986) 认为，公司管理层与注册会计师存在意见分歧或收到“非标”意见而变更注册会计师时，市场反应显著为负。Shu (2000) 等也认为注册会计师变更事项具有一定的信息含量，且能够引起市场反应。王桦 (2007) 以自愿性注册会计师变更的公司为样本，研究发现投资者对于不同原因的注册会计师变更反应存在差异。白宪生 (2010) 通过检验在会计师事务所变更公告日后三个交易日的市场反应，认为变更事件为投资者提供了“利好消息”。张鸣等 (2012) 研究也发现在我国证券审计市场中，变更公告披露较晚的公司能够引起显著的市场反应。这些研究均表明，会计师事务所变更本身具有一定的信息含量并引起投资者或“正面”、或“负面”的反应。然而，亦有研究未能得出这样的结论。例如Johnson and LyS (1990) 对注册会计师变更事件前后十天的超额报酬进行研究，并未发现显著的市场反应。李爽、李辉和吴溪 (2001) 检验了在注册会计师变更信息的两个公告日 (股东大会决议公告日和董事会公告日) 的市场反应，研究结果显示注册会计师变更事件信息披露不具有任何信息增量，他们认为这可能缘于当时的信息披露制度所能提供的注册会计师变更信息的有用性不够，或者信息使用者对此事件的关注程度及理解能力较弱。

综上可知，关于上市公司变更会计师事务所事项能否引起市场反应，国内、外学者各持己见且有理有据。暂且不考虑诸学者在研究样本选取、研究方法选择及证券市场背景等方面的差异可能导致的结论不一致，Teoh (1992) 等认为会计师事务所变更成本与变更收益、审计意见类型等因素，会导致投资者的反应差异。我们认为在我国证券市场信息披露制度尚不健全的情况下，信息不对称现象较为严重，作为处在信息劣势一方的投资者对会计师事务所变更事项的反应是“正”、“负”和“无反应”，这主要取决于投资者能否充分捕捉这一信息并进行合理解读，而影响投资者对这一信息获取的关键在于上市公司对该信息的披露选择。具体而言，若上市公司管理层在会计师事务所变更事项发生时，及时编制重大事项专项公告对外披露 (以变更事项为标题的公告或内容仅包含变更的非标题公告)，并在必要时说明变更的具体原因，那么，投资者便很容易猎取这一信息并做出合理的反应。反之，若公司管理层基于某些“特殊”原因而选择“隐藏行动”，甚至索性直接“隐藏信息”，将会计师事务所变更事项在篇幅冗长、信息繁杂的年度报告或股东大会决议中披露，至于变更的具体原因也是“无关痛痒”的表面说辞，甚至不披露变更原因，那么在这种情况下，广大投资者尤其是中小投资者，猎取这一信息的难度无疑会显著增加；倘若投资者无法及时有效地猎取这一信息，那么对其承载的变更具体原因等事项的进一步鉴别也就无从谈起，由此必将直接影响投资者的信息判断和投资决策的效率，呈现出的市场反应自然也就不明显。基于上述分析，我们提出本章的研究假设1：

在其他条件相同的情况下，采用专项公告披露的公司比采用非专项公告披露的公司更容易产生市场反应。

根据上述阐述和推定，当上市公司对会计师事务所变更事项进行专项公告披露时，更有助于投资者获得这一信息并做出反应。那么，投资者对这一信息所传递的“利好”或“不利”因素能否区分对待？

具体而言，对于“不利”因素（如审计意见分歧等）引起的会计师事务所变更事项，理性的投资者对该公司的会计信息可信度会产生一定程度的怀疑，持有该公司股票的现有投资者很可能会考虑“减仓”，潜在投资者则很可能选择“观望”或“不建仓”，通常不大可能选择“大幅填仓”，从而导致该股票的综合市场表现不佳。相反，那些基于“利好”因素（如公司规模扩大等）而变更会计师事务所的公司，管理层有强烈动机对外传递这一“利好”信息，并期望产生良好的市场反应。然而，对于那些披露原因实乃“无关痛痒”的说辞（如聘任合同期满等），至少表面上不是明显的“利好”或“不利”因素，投资者也没有直接而充分的理由对其表示怀疑，可能不会出现明显的“青睐”或“规避”行为。但无论是“利好”、“不利”以及看似“无关紧要”的变更原因，与没有披露变更的具体原因相比，承载的信息含量有所不同，最起码这在一定程度上反映了管理层对会计师事务所变更事项的不同态度，进而导致投资者的决策反应可能会产生或多或少的差异。总之，在专项公告中是否披露变更的具体原因及披露的原因性质可能会产生不同的市场反应。基于此，我们提出本章的研究假设2：

在专项公告披露的公司中，不同性质的变更原因产生的市场反应有所差异。

8.2.2　换“所”不换“师”式变更的市场反应

8.2.1意欲分析和检验的是，在披露会计师事务所变更事项时，上市公司管理层选择的公告方式以及是否存在“隐藏信息”行为对市场反应可能产生的影响。其暗含的前提假定是会计师事务所及注册会计师均已发生变化，即公司变更会计师事务所事件传递给投资者的信号是审计关系已经完全重构。然而，在我国审计市场上所发生的会计师事务所变更案例中，有为数不少的上市公司选择追随签字注册会计师“跳槽”并相应地改聘“新东家”，从而形成一种换“所”不换“师”的特殊变更现象。

在这种变更形式下，表面上被审计单位与原会计师事务所之间的审计业务关系已经“终结”，但事实上直接参与审计业务并最终在审计报告书中签字的注册会计师却未发生变化。从人际关系理论的角度而言，被审计单位管理层与签字注册会计师之间的人际关系依然存在且已发生本质的变化，由基于初始审计工作而建立的“工具性关系”逐渐演化为“混合性关系”，甚至是较为稳固的“情感性关系”，我们把这种已经发生本质变化的关系界定为私人关系。在我国审计市场整体呈现“事务所众多、集中度较低”的垄断竞争态势下，为何部分上市公司管理层执意选择与签字注册会计师“共进退”？站在投资者的角度，或许不难想象：上市公司管理层选择此种策略不会是仅仅为了避免“昂贵”的新聘任审计师，更重要的原因可能是期望获得签字注册会计师更多“配合”。具体而言，签字注册会计师面对“老客户”的追随而受之“人情”，很难客观地在精神上继续坚持应有的原则和独立性，很可能在潜在诉讼风险并未突破其底线的情况下，采取“投之以桃，报之以李”的方式，满足“老客户”管理层关于业绩操纵或审计意见的某些“特定要求”。由此一来，换“所”不换“师”式变更向外部信息使用者传递的应该是一种公司会计信息“失真”的“不利”信息（至少不是“利好”），倘若投资者能够猎取这一信息，他们对该公司披露的会计信息的信赖程度可能会随之下降，从而导致市场反应很可能较差。鉴于此，我们提出本章的研究假设3：

在会计师事务所变更的情况下，换“所”不换“师”式变更比其他形式变更的市场反应更差。

8.3 研究设计

8.3.1 数据来源与样本选取

本章选取2004—2011年[①]我国A股上市公司会计师事务所变更事项为样本，数据主要来源为CSMAR数据库、Wind数据库以及巨潮资讯网站。其中，会计师事务所变更披露公告及换“所”不换“师”式变更的样本数据是严格依据上市公司年度报告及公告、中国证监会和中国注册会计师协会关于会计师事务所及注册会计师的统计信息，进行手工搜集和整理的结果，样本筛选过程及样本分类见表8-1。

表8-1 **样本筛选过程** 单位：个

2004—2011年	变更	专项公告	披露原因	共进退
观测值初始数量	1 051	257	732	88
减:B股、中小板及创业板	118	50	100	11
金融业及观测值数少于10的行业	18	4	12	0
个股交易数据缺失及停牌超5日[②]	103	25	71	1
最终样本观测值数量	812	178	549	76

8.3.2 变量设定与模型设计

1）变量设定

根据本章的研究目标及内容，选取的研究变量及其说明如下：

（1）事件日

事件研究法的首要问题是事件日的确定。本章以上市公司首次披露会

① 公司交易事项或其他特定事项的市场反应是具时效性的，同一类型的事项在不同的社会经济发展阶段的市场反应可能有所不同。因此，本章研究选择以“签字注册会计师五年强制轮换制度”实施之后的2004—2011年作为研究样本区间，这也避免了该审计轮换制度可能产生的干扰影响。

② 考虑到会计师事务所变更事项对公司股票市场表现的影响周期通常较短，若某公司股票自变更公告披露日起连续5个正常交易日停牌，则予以剔除；此外，本书在计算累计超额收益率CAR值时，采用的估计期为事件日前30个交易日，若在此期间内个股无交易数据或缺失较多，则予以剔除。

计师事务所变更事项的公告日为事件日（第0天），包括会计师事务所变更事项公告、董事会决议公告、股东大会决议公告及年度报告等公告日期。若公告日为周末或公共节假日等导致公告当日停牌，则事件日顺延至公告日后复牌的第一个交易日，但若中间停牌间隔超过5日，则予以剔除。

（2）专项公告（SPE）

本章将上市公司对会计师事务所变更事项进行专门披露的公告界定为专项公告，包括以会计师事务所变更事项为标题的公告和内容仅包含会计师事务所变更事项的非标题公告，而将会计师事务所变更事项掺杂在信息冗繁的股东大会决议、董事会决议或年度报告等均为非专项公告，替代变量符号为SPE。

（3）变更原因（REASON）

根据上市公司对外披露的会计师事务所变更原因的内容进行分类，若上市公司披露的变更原因为公司与会计师事务所在审计意见或审计费用等方面存在分歧，则视为“不利”因素并取值-1；若上市公司未披露变更原因，则取值为0；若上市公司披露的变更原因为“签字注册会计师五年强制轮换制度”、合同期满或原会计师事务所被合并等中性因素则取值1；若上市公司披露的变更原因为公司规模扩大等“利好”因素则取值为2。

（4）换“所”不换“师”式变更（CHG_CPA）

若上市公司追随签字注册会计师“跳槽”并改聘“新东家”，这种“共进退”式变更即为换“所”不换“师”式变更（CHG_CPA），属于此类变更则取值为1，否则取值为0。在换“所”不换“师”式变更下，签字注册会计师的任期（TENURE）为签字注册会计师在变更前的累计审计年数。由于换“所”不换“师”式变更的特殊性和隐晦性，上市公司通常不主动披露这种“共进退”行为，绝大多数外部投资者或许直到年度报告审计报告日才能发现这一特殊变更现象，故本章将会计师事务所变更公告日作为换“所”不换“师”式变更的第一事件日，审计报告日作为第二事件日，分别予以考察。

（5）市场反应（CAR）

本章以会计师事务所变更事件日前后短时间窗口内的累计超额收益率

（CAR）作为市场反应的替代度量，采用市场调整模型计算CAR的具体方法如下：

第一步：估计α、β值。

$$R_{j,t}=\alpha_j+\beta_j R_{m,t}+\varepsilon_{j,t}$$

其中，$R_{j,t}$是个股j在第t日的实际收益率，$R_{m,t}$是A股第t日的综合市场收益率，ε是残差。

第二步：计算超额收益率AR和累计超额收益率CAR。

$$AR_{j,t}=R_{j,t}-\alpha_j-\beta_j R_{m,t}$$

$$CAR_{j,t}=\sum_{t_1}^{t_2}AR_{j,t}$$

其中，$AR_{j,t}$是个股j在第t日的超额收益率，$CAR_{j,t}$是个股j在该时间窗口的累计超额收益率。本章选取[0，1]、[0，2]、[0，3]、[0，4]、[0，5]和[−1，1]、[−5，5]、[−10，10]8个时间窗口，对应的CAR值分别为CAR1、CAR2、CAR3、CAR4、CAR5和CAR（−1，1）、CAR（−5，5）、CAR（−10，10）。

（6）其他变量

Teoh（1992）等研究表明公司财务指标、会计师事务所变更前的审计意见类型、变更方式及原因等因素会影响个股市场反应。因此，我们在模型（1）中引入控制变量X，包括上期审计意见（lagOPN）、公司规模（lagSIZE）、每股现金流量（lagCASH）、负债与权益市价比率（lagDE）、市净率（lagPB）、净利润增长率（lagEG）、股权集中度（lagCON）、变更方向（CHGSTY）、重大事项（EVENTS）及年度变量（YEAR）、行业变量（INDUSTRY），各变量的定义和计算方法详见表8-2。

2）模型设计

（1）会计师事务所变更的市场反应的检验模型

我们首先将会计师事务所变更事项的披露方式划分为专项公告披露和非专项公告披露两种，然后借鉴Chen and Zhou（2007）、张鸣等（2012）研究方法构建数学模型（8-1），予以检验假设1；其次，在专项公告披露的公司中，不同性质的变更原因产生的市场反应有所差异，因此构建数学模型（8-2），予以检验假设2：

表8-2　**变量说明**

变量类别	变量名称	变量符号	变量说明
因变量	累计超额收益率	CAR	市场反应的替代度量指标
自变量	专项公告	SPE	专项公告取值为1,否则为0
	变更原因	REASON	前已叙及,不再赘述
	换“所”不换“师”	CHG_CPA	前已叙及,不再赘述
	签字注册会计师任期	TENURE	前已叙及,不再赘述
控制变量	上期审计意见	lagOPN	“非标”取值为1,否则为0
	公司规模	lagSIZE	上年年末总资产的自然对数
	每股现金流量	lagCASH	上年每股现金流量数额
	负债与权益市价比率	lagDE	上年总负债除以权益市价
	市净率	lagPB	上年每股市价除以普通股每股净资产
	净利润增长率	lagEG	上年(年末净利润-期初净利润)÷期初净利润
	股权集中度	lagCON	上年第一大股东持股比例
	变更方向	CHGSTY	若由“大”所(国际“四大”及国内“十大”)变更为“小”所(非国际“四大”及国内“十大)取值为1,否则为0
	重大事项	EVENTS	若“事件日”前后一个月内发生并购或资产重组等重大事项则取值为1,否则为0
	年度变量	YEAR	虚拟变量,区分年度
	行业变量	INDUSTRY	虚拟变量,区分行业

$$CAR_{j,t} = \beta_0 + \beta_1 SPE_{j,t} + \sum_{i=2}^{12} \beta_i X_{j,t} + \varepsilon_{j,t} \tag{8-1}$$

$$CAR_{j,t} = \beta_0 + \beta_1 REASON_{j,t} + \sum_{i=2}^{9} \beta_i X_{j,t} + \varepsilon_{j,t} \tag{8-2}$$

在模型（8-1）中，被解释变量$CAR_{j,t}$表示累计超额收益率，作为市场反应的替代度量；主要解释变量SPE表示会计师事务所变更事项的披露方式；X为控制变量组合，ε为残差项。在模型（8-2）中，主要解释变量REASON表示公司披露的会计师事务所变更原因类型，其他变量与模型（8-1）同理。

（2）换“所”不换“师”式变更的市场反应的检验模型

换“所”不换“师”式变更与其他形式的变更相比，是否产生了特殊的市场反应，因此构建数学模型（8-3），予以检验假设3：

$$CAR_{j,t} = \beta_0 + \beta_1 CHG\_CPA_{j,t} + \beta_2 TENURE_{j,t} + \sum_{i=3}^{13} \beta_i X_{j,t} + \varepsilon_{j,t} \tag{8-3}$$

其中，被解释变量$CAR_{j,t}$表示累计超额收益率，作为市场反应的替代度量；主要解释变量CHG_CPA表示换“所”不换“师”式变更，TENURE表示签字注册会计师在换“所”不换“师”式变更前的任期；X为控制变量组合，与模型（8-1）同理。

8.4 实证分析

8.4.1 描述性统计

根据表8-3、表8-4及图8-1的统计结果可以得出以下结论：会计师事务所变更事项在整体上产生了微弱的负面市场反应，对该事项进行专项公告披露（SPE）和非专项公告披露（非SPE）的公司的累计超额收益率存在明显的差异，前者显著低于后者并通过了均值T检验。在专项公告样本中，是否披露变更具体原因及原因类型也会导致累计超额收益率的差异，披露“不利”原因的公司的市场反应明显较差。在会计师事务所变更样本中，换“所”不换“师”式变更（CHG_CPA）与换“所”亦换“师”式变更（非CHG_CPA）的累计超额收益率之间呈现出微弱差异，均值T检验的结果显示二者之间差异不显著。[①]

表8-3　**描述性统计**

变量	obs	mean	median	min	max	std
CAR5—全样本[②]	812	-0.0051	-0.0067	-0.5759	0.3433	0.0686
CAR5—专项公告	178	-0.0187	-0.0158	-0.5759	0.2446	0.0814
CAR5—非专项公告	634	-0.0013	-0.0038	-0.2248	0.3433	0.0641
CAR5—CHG_CPA公告日	76	0.0044	-0.0005	-0.0089	0.1425	0.0557
CAR5—CHG_CPA审计日	72	-0.0037	-0.0092	-0.1926	0.2424	0.0699
CAR5—非CHG_CPA	736	-0.0061	-0.0073	-0.5759	0.3433	0.0698
SPE	812	0.22	0	0	1	0.414
REASON	812	0.91	1	-1	2	0.958
CHGSTY	812	0.13	0	0	1	0.341
lagOPN	812	0.15	0	0	1	0.359
lagSIZE	812	21.351	21.273	20.5404	26.163	1.667
lagCASH	812	0.237	0.171	-7.312	11.813	1.041
lagDE	812	0.973	0.592	0	16.865	1.244
lagPB	812	5.858	2.720	-923.0	1 020.0	57.820
lagEG	812	-16.401	0	-3.963	121.078	3.137
lagCON	812	38.430	37.405	4.440	98.860	16.009
EVENTS	812	0.18	0	0	1	0.386

① 在专项公告样本中，未披露变更原因的公司有62家，披露“不利”原因的公司有12家，披露中性原因的公司有28家，披露“利好”原因的公司有76家。

② 限于文章篇幅，此处仅列示CAR5的数据，其中CAR5—CHG_CPA审计报告日有4例个股数据缺失，如需其他相关数据请联系作者。

表8-4　**均值T检验**

	SPE与非SPE			CHG_CPA与非CHG_CPA(审计日)		
	F	t	Sig(双侧)	F	t	Sig(双侧)
CAR1	4.749	-2.357	0.019	2.260	-0.690	0.490
CAR2	2.871	-2.173	0.030	0.421	-0.111	0.912
CAR3	0.365	-2.680	0.008	0.006	0.342	0.732
CAR4	0.044	-2.602	0.009	1.492	1.046	0.296
CAR5	2.448	-2.994	0.003	1.069	0.957	0.339

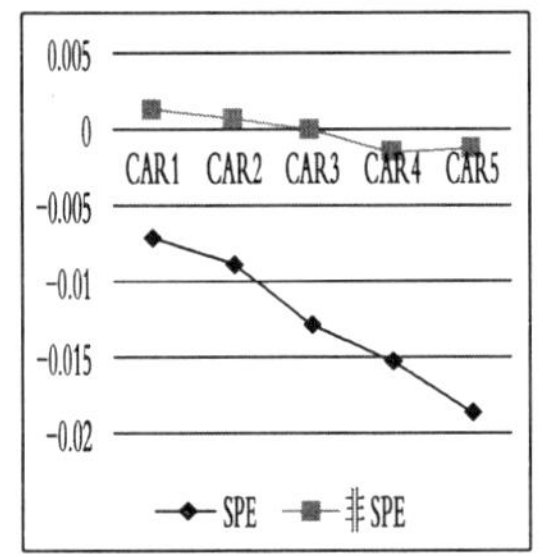

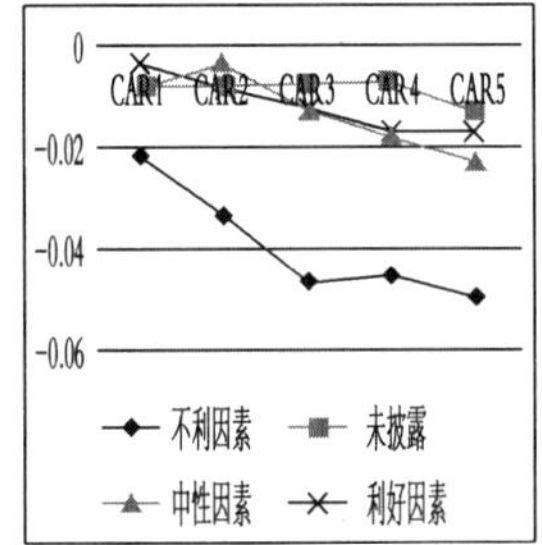

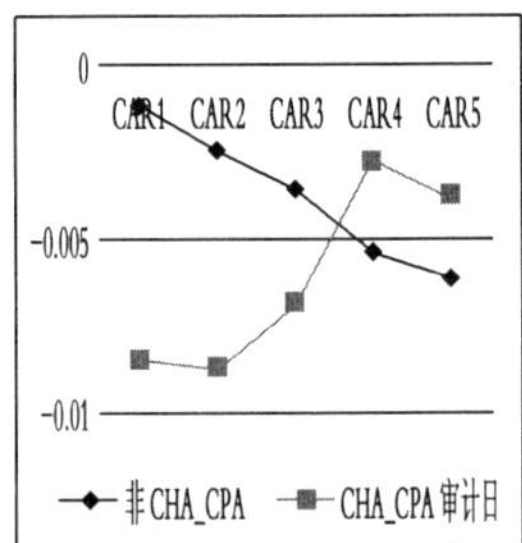

图8-1　累计超额收益率分组图

8.4.2 相关性分析

表8-5报告了本章检验模型所包括的主要变量之间的Pearson相关系数分析结果。从表8-5的Panel A部分可以看出，累计超额收益率（CAR1和CAR5）与专项公告（SPE）之间呈显著负相关关系，这初步表明对会计师事务所变更事项进行专项公告披露的公司，市场反应比非专项公告披露的公司可能更差；累计超额收益率与变更原因类型（REASON）之间呈正相关关系，即披露变更原因越"不利"，市场反应越差；变更方式（CHGSTY）与累计超额收益率呈负相关关系，即上市公司由"大"所变更为"小"所可能会产生较差的市场反应。

从表8-5的Panel B部分可以看出：换"所"不换"师"式变更（CHG_CPA）及签字注册会计师任期（TENURE）与CAR1负相关、与CAR5正相关，但均不显著，这初步表明投资者未能获取充足的信息且未做出明确的反应，这很可能与换"所"不换"师"式变更公司极少主动披露这一特殊信息有关。

表8-5　　Pearson相关系数矩阵①

Panel A	CAR1	CAR5	SPE	REASON	CHGSTY	lagOPN	lagSIZE
CAR1	1	0.445**		0.104	-0.018	0.058	-0.020
CAR5	0.561**	1		0.034	-0.207**	0.080	-0.010
SPE	-0.083*	-0.105**	1				
REASON	0.037	0.051	0.021	1			
CHGSTY	-0.036	-0.077*	-0.025	-0.048	1	-0.059	0.003
lagOPN	-0.033	-0.023	0.083*	-0.048	0.025	1	-0.285**
lagSIZE	0.050	0.039	-0.062	-0.008	-0.099**	-0.249**	1
lagCASH	-0.078*	-0.058	-0.021	0.010	-0.037	-0.121**	0.163**
lagDE	0.087*	0.063	-0.005	-0.039	-0.044	0.151**	0.215**
lagPB	0.067	-0.164**	0.016	-0.058	0.069*	-0.021	0.173**
lagEG	0.039	0.030	-0.067	-0.033	0.023	-0.012	0.015
lagCON	-0.026	-0.032	-0.111**	0.013	0.005	-0.174**	0.252**
EVENTS	-0.013	0.008	0.027	-0.054	0.001	0.103*	-0.064
Panel B	lagCASH	lagDE	lagPB	lagEG	lagCON	CHG_CPA	TENURE
CAR1	-0.001	0.041	0.147*	0.072	-0.113	-0.024	-0.044
CAR5	-0.036	-0.001	-0.468**	0.056	-0.036	0.034	0.027
CHGSTY	0.089	-0.015	0.201**	0.030	0.098	-0.062	-0.064
lagOPN	-0.240**	0.152*	-0.059	0.019	-0.212**	-0.063	-0.051
lagSIZE	0.211**	0.202**	-0.107	0.016	0.352**	0.058	0.050
lagCASH	1	-0.040	-0.029	0.005	0.188*	0.041	0.033
lagDE	-0.041	1	-0.040	0.036	-0.023	-0.037	-0.021
lagPB	0.002	0.021	1	0.005	-0.067	-0.034	-0.045
lagEG	0.006	0.013	0.010	1	0.106	0.018	0.016
lagCON	0.032	-0.002	-0.020	0.052	1	0.079*	0.085*
EVENTS	0.070*	0.041	0.044	0.008	-0.049	-0.081*	-0.074*

注：***、**和*分别表示在0.01、0.05和0.1的水平（双侧）上显著相关。

① 限于篇幅，相关系数矩阵中只列示CAR1、CAR5及其他变量的部分结果。

8.4.3 多元回归分析

表8-6报告了模型（8-1）、模型（8-2）和模型（8-3）的多元回归结果。从模型（8-1）的结果可以看出，累计超额收益率（CAR1至CAR5）与专项公告（SPE）显著负相关，这表明对会计师事务所变更事项进行专项公告披露和非专项公告披露会产生不同程度的市场反应，专项公告披露的公司更有助于投资者及时获取这一信息并做出相应的投资决策，进而导致了相对更差的市场反应，这与假设1相吻合。具体而言，由于我国审计市场普遍存在“僧多粥少”的现象，对高质量审计的硬性需求相对不足，导致会计师事务所主动辞聘的情况极为少见，而上市公司基于某些“或明或暗”的原因解聘会计师事务所的案例却比比皆是，其中不乏因会计师事务所或签字注册会计师未能足够地“配合”上市公司管理层对审计意见或盈余管理等方面的“特定要求”而引起会计师事务所更换，从而使得市场投资者对上市公司更换会计师事务所事件在整体上持“负面”态度，诸多学者的研究也说明了这一点。由此一来，由于直接以会计师事务所变更事项为标题或并非以此为标题但内容仅包含变更事项的专项公告，更容易引起现有或潜在投资者对变更事项的兴趣和关注度，在市场参与者通常将会计师事务所变更事项解读为“负面”消息的大环境下，采用专项公告披露的公司产生了更差的市场反应自然也是情理之中了。上述结果或许在一定程度上也解释了为何上市公司管理层对会计师事务所变更事项更倾向于采用非专项公告对外披露，其中暗含的信息隐藏行为动机也就不言而喻了。

从模型（8-2）的结果可以看出，在专项公告组中，累计超额收益率（CAR1）与变更原因类型（REASON）正相关且在10%的水平上显著，CAR2至CAR5与REASON正相关但不显著，而在全样本中这一正相关关系均不显著（第二栏），这表明投资者在能够及时充分地获取会计师事务所变更这一信息的情况下，会对变更具体原因进行一定的判别、剖析并做出相应的行为决策，所披露的变更原因越差，在短时间窗口（第0到1天）内的市场反应也越差，这支持了本章的研究假设2。

从模型（8-3）的结果可以看出，换“所”不换“师”式变更

（CHG_CPA）及签字注册会计师任期（TENURE）与累计超额收益率（CAR）仅在短时间窗口内呈现出微弱的负相关关系但均不显著，即投资者对这一承载着特殊信息含量的变更事项并未给予足够关注。对这一结果的可能解释是，换“所”不换“师”式变更的特殊性也直接导致了其信息的隐蔽性，上市公司管理层提请董事会及股东大会做出变更决策对外披露时，通常不会提及签字注册会计师“未变化”这一信息，作为最重要外部信息使用者之一的投资者也只有在上市公司发布年度审计报告时，或许能够察觉这种特殊变更行为。加之，发生换“所”不换“师”式变更的上市公司在变更年度收到的审计意见更多的是“清洁”意见，投资者可能更关心公司的审计意见类型或继任会计师事务所的质量等，不会过多关注管理层与签字注册会计师之间是否存在私人关系以及内幕交易。由此，换“所”不换“师”式变更与换“所”亦换“师”式变更之间的市场反应差异也就不明显。然而，已有研究显示在换“所”不换“师”式变更背后暗含的私人关系已经突破了注册会计师应该坚持的“精神独立”原则，也更有可能导致上市公司管理层的“审计意见购买”行为，损害上市公司的会计信息质量。因此，证券监管部门或许应当考虑要求上市公司对这种特殊变更事项充分进行信息披露，以便投资者能够及时有效地捕捉这一信号并做出合理的投资决策。

在控制变量方面，上期审计意见类型lagOPN与CAR呈显著负相关关系，即“非标”审计意见会对个股市场反应产生一定的“负面”影响；公司规模lagSIZE、负债权益市价比率lagDE及成长性lagEG均与CAR呈正相关关系，这表明公司规模越大，杠杆效率越高，成长性前景较好的公司的股价市场表现也越好；而变更类型CHGSTY与CAR负相关但不显著，这表明上市公司由“大”所变更为“小”所往往可能被市场解读为“不利”信号，至少不是“利好”信号。此外，模型中各变量的VIF值均未超过10，这表明各变量之间不存在严重的多重共线性问题。

表 8-6　　　　**多元回归结果**[①]

		模型(8-1)	模型(8-2)	模型(8-3)	
SPE(2列) REASON(3列) CHG_CPA(4列左) TENURE(4列右)	CAR1	-0.009**(-2.560)	0.006*(1.843)	-0.001(-0.079)	-0.002(-0.536)
	CAR2	-0.010**(-2.260)	0.004(1.163)	0.000(0.015)	-0.001(-0.282)
	CAR3	-0.013***(-2.748)	0.005(1.017)	0.000(0.032)	-0.000(-0.049)
	CAR4	-0.014***(-2.617)	0.004(.792)	0.006(0.399)	-0.0001(-0.011)
	CAR5	-0.017***(-2.960)	0.002(.317)	0.002(0.105)	0.000(0.060)
lagOPN		-0.008*(-1.747)	0.006(0.709)	-0.008*(-1.802)	
lagSIZE		0.01(0.779)	0.001(0.409)	0.001(0.573)	
lagCASH		-0.003**(-2.202)	0.002(0.461)	-0.002(-1.265)	
lagDE		0.003**(2.217)	0.001(0.368)	0.003**(2.009)	
lagPB		0.00004*(1.667)	0.0001*(1.965)	0.00004(1.560)	
lagEG		0.0001(1.048)	0.00001(1.144)	0.00001(1.238)	
lagCON		0.0001(-0.901)	0.00001(-0.903)	0.00001(-1.629)	
EVENTS		0.010(0.109)	0.040(0.443)	0.00001(0.026)	
CHGSTY		-0.004(-0.966)		-0.003(-0.622)	
REASON		0.002(1.209)		0.002(1.300)	
YEAR、INDUSTRY		控制	控制	控制	
R^2(F)		0.074(1.626)	0.214(1.142)	0.066(1.431)	
观测值		812	178	808	

注：***、**和*分别表示在0.01、0.05和0.1的水平（双侧）上显著相关。

8.4.4　进一步测试

毋庸置疑，上市公司股票在证券市场中的综合表现受到公司业绩、财务指标及宏观政策等诸多因素的影响。为保证研究结论的可靠性，本章将事件研究的窗口期拓展并做进一步测试。

① 限于篇幅，表8-6控制变量部分的回归结果仅列示了被解释变量取值CAR1时的结果。

具体地，我们将会计师事务所变更事件的时间窗口拓宽至事件日前后1天CAR（-1，1）、5天CAR（-5，5）和10天CAR（-10，10），表8-7的回归结果显示：累计超额收益率与专项公告之间呈显著的负相关关系；在专项公告组中，CAR（-1，1）与REASON之间呈显著正相关关系，而随着时间窗口的延长，这一正相关关系不再显著。然而，换“所”不换“师”式变更及签字注册会计师任期与累计超额收益率依然不存在显著的相关关系。上述结果与本章主测试部分的研究结果基本一致，即专项公告披露更易产生市场反应，且投资者对在专项公告中披露的具体变更原因有一定的鉴别能力，但对换“所”不换“师”式变更这一特殊事项却未给予足够重视。

表8-7　**进一步测试回归结果**

进一步测试		模型(8-1)	模型(8-2)	模型(8-3)	
SPE(2列) REASON (3列) CHG_CPA (4列左) TENURE (4列右)	CAR(-1,1)	-0.013*** (-3.234)	0.006* (1.791)	0.001 (0.079)	-0.001 (-0.345)
	CAR(-5,5)	-0.017** (-2.263)	0.001 (0.185)	0.016 (0.771)	-0.002 (-0.290)
	CAR(-10,10)	-0.020* (-1.811)	0.011 (1.288)	0.011 (0.343)	-0.004 (-0.381)

注：***、**和*分别表示在0.01、0.05和0.1的水平（双侧）上显著相关；限于篇幅，本表仅列示了主要变量的回归结果。

8.4.5　稳健性测试

为增强研究结论的稳健性，本章进行如下稳健性测试：

（1）区分累计超额收益率方向

公司事件在股票市场产生的累计超额收益有可能是正向的或负向的。因此，我们将会计师事务所变更产生的市场反应的度量指标CAR5及CAR（-1，1）为“正”、“负”的公司进行分组检验。表8-8的稳健性测试（1）的回归结果显示：无论是“正”市场反应组还是“负”市场反应组，专项公告（SPE）与累计超额报酬率均呈负相关关系且大都比较显著，这表明专项公告披露更易产生较差的市场反应，与本章主测试部分的结果基本一致，这也进一步解释了上市公司管理层对于会计师事务所变更事项通常采取非专项公告予以对外披露的选择倾向，其信息披露选择中存在的隐藏信息行为动机昭然若揭。

（2）剔除未披露变更具体原因的公司

在专项公告样本中，剔除未披露变更具体原因的公司之后，对模型（8-2）做进一步检验。表8-8的稳健性测试（2）的回归结果显示：CAR与REASON均呈显著正相关关系，这进一步表明投资者会对公司披露的会计师事务所变更具体原因加以鉴别。

（3）剔除“重大事项”噪音干扰

若某公司在会计师事务所变更事件公告日前后发生并购或资产重组、重大诉讼及仲裁、行业重大“利好”或宏观货币政策变化等重大事项，这无疑会影响该公司股票的市场表现。为剔除这一噪音干扰，我们将事件公告日前后存在重大事项的样本公司（合计148家）予以剔除，表8-8的稳健性测试（3）的回归结果显示：累计超额收益率（CAR）与专项公告（SPE）显著负相关；在专项公告组中，CAR与REASON显著正相关；换“所”不换“师”式变更及签字注册会计师任期与CAR之间依然不存在显著的相关关系。

表8-8 **稳健性测试回归结果**

		负向		正向	
稳健性测试(1)之模型(8-1)	CAR5	−0.014***(−2.783)		−0.006*(−1.986)	
	CAR(−1,1)	−0.005(−1.407)		−0.008*(−1.656)	
稳健性测试(2)之模型(8-2)	CAR5	0.170**(2.132)			
	CAR(−1,1)	0.015*(1.709)			
稳健性测试(3)之模型(8-1)至模型(8-3)		SPE	REASON	CHG_CPA	TENURE
	CAR1	−0.010** (−2.506)	0.008** (2.093)	−0.001 (−0.073)	−0.002 (−0.547)
	CAR(−1,1)	−0.015*** (−3.419)	0.011** (2.622)	0.002 (0.139)	−0.001 (−0.373)

注：***、**和*分别表示在0.01、0.05和0.1的水平（双侧）上显著相关；限于篇幅，本表仅列示了主要变量的回归结果。

8.5 本章小结

会计师事务所变更作为证券市场上的一项极为普遍且十分重要的事件，无疑承载着特定的信息含量并可能引起市场反应。然而，目前相关文献研究鲜有涉及上市公司在披露该事项时存在的“隐藏信息”行为，且鲜有考虑签字注册会计师的个人流动情况。鉴于此，本章基于变更事项信息披露选择及私人关系的视角，利用2004—2011年我国A股上市公司会计师事务所变更数据，对会计师事务所变更事项信息披露选择及其市场反应进行剖析。

本章实证研究结果显示：对会计师事务所变更事项进行专项公告披露的公司比非专项公告披露的公司更易产生较差的市场反应；在专项公告中是否披露变更的具体原因及其类型会导致市场反应的差异，且投资者对“不利”原因尤为敏感；然而，对于承载着特殊信息含量的换“所”不换“师”式变更，投资者却未给予充分关注；在剔除事件日前后“重大事项”噪音等因素影响之后，研究结论仍较为稳健。上述研究结论表明，我国证监会要求上市公司就会计师事务所变更事件编制重大事项公告并予以对外披露是十分必要的，而且或许应当考虑要求上市公司对此进行专项公告披露，减少或避免因披露选择而产生的隐藏信息行为，从而确保广大投资者能够及时方便地获取这一信息并做出合理的投资决策。此外，证券监管部门及投资者应该对暗含着特殊人际关系及潜在利益本质的换“所”不换“师”式变更行为给予充分重视，适当要求上市公司对此种特殊形式变更做出说明并对外披露，逐步完善关于签字注册会计师轮换的制度规定，这不仅有助于投资者更好地解读会计师事务所变更行为，而且对于上市公司的合理市场估值有一定的积极作用。

第 9 章

研究总结

作为全书的结束语，本章首先总结本书研究获得的主要研究结论；然后，结合我国审计市场的环境与制度背景，对审计师变更行为（包括会计师事务所变更或签字注册会计师变更）的政策监管提出一些意见或建议；最后，结合本书研究尚且存在的不足或者局限，指出该领域未来研究的方向。

9.1 研究结论

目前，国内外学者关于会计师事务所变更问题的研究大都基于会计师事务所的视角，以签字注册会计师为主体进行实证分析的文献研究较为少见。鉴于此，本书基于社会学中的人际关系理论及财务学的相关理论，引入私人关系概念，以签字注册会计师流动是否带走客户为切入点，对上市公司更换会计师事务所的类型进行划分，分别考察不同形式的变更所隐藏的内在变更动机，重点研究签字注册会计师流动且带走审计客户而形成的换“所”不换“师”式的变更（CHG_CPA）对审计质量、审计费用的影响，市场投资者对这种特殊形式的变更是否做出了相应的反应？本书研究获得的主要研究结论有：

1）换“所”不换“师”式变更的动因分析

在本书的第4章，选取1998—2011年我国A股市场上发生会计师事务所所变更的上市公司为样本，以签字注册会计师流动是否带走客户为切入点，从审计意见需求及人际关系作用的视角，分析“客随师走”形成的换“所”不换“师”式变更现象产生的内在动因。实证研究结果显示：就整体而言，获取标准审计意见是客户追随签字注册会计师跳槽的重要动机之一；进一步地，签字注册会计师在发生流动之前对客户的审计任期越长，他们与客户之间的个人关系通常也越密切，越可能发生“客随师走”现象。然而，当审计任期超过一定阀值时，审计意见对“客随师走”的诱致作用有所削减，但这一现象在“强制审计轮换制度”实施（以2004年为界点）前后有所差异。不可忽略的是，若签字注册会计师在流动之前的上一年度为客户出具了不利的“非标”审计意见，即使他们与客户之间的个人关系再密切，客户也不大可能追随其“同步流动”。据此，我们或许可以推测，签字注册会计师与客户管理层之间的个人关系可以由“工具性”关系转化为“混合性”关系，但难以再进一步提升转化为较为牢固的“情感性”关系。因为，客户追随签字注册会计师“共进退”的最终目的无外乎是经济利益，期望获取标准审计意见就是客户管理层“追随”动机的最明显、最直接的体现。

2）换“所”不换“师”式变更对审计质量的影响

在本书的第5章，以签字注册会计师流动是否带走客户为切入点，引入私人关系概念，以可操纵性应计绝对值作为审计质量的替代衡量指标，建立多元线性回归模型及自选择模型，兼顾会计师事务所与签字注册会计师双方因素，考察换“所”不换“师”式变更对审计质量产生的具体影响。实证研究结果显示：（1）换“所”不换“师”式变更与可操纵性应计绝对值衡量的审计质量显著正相关，不同于其他形式变更对审计质量的影响，这表明在换“所”不换“师”式变更当年，继任会计师事务所能够识别并重视这种特殊形式变更背后所隐藏的特殊人际关系的利益本质，并采取有效的措施加以监督和控制，以保证审计服务质量。但不可忽略的是，在换“所”不换“师”式变更下，后续审计年度的盈余管理上升幅度却明显较高，即签字注册会计师在换“所”不换“师”式变更当年对“老客户”采取了较为谨慎的态度，以盈余管理水平衡量的审计质量相对较好，但签字注册会计师会倾向于在后续期间会给予客户更大幅度的盈余管理空间作为一种“延期补偿”。(2）进一步研究发现，在限定换“所”不换“师”式变更样本后，签字注册会计师在变更前的审计任期与审计质量显著负相关，这表明在换“所”不换“师”式变更下，签字注册会计师在变更前对客户的审计任期越长，他们与“老客户”之间的私人关系越密切，情感性色彩越浓厚，遵循“报之法则”设法回报老客户“人情”的动机也就越强烈，就越容易放松甚至纵容“老客户”的盈余管理行为，采用这种“投之以桃，报之以李”的方式，继续维系彼此之间的个人情感关系，从而导致实质上的审计独立性受损，并最终损害审计质量。不过，选取“签字注册会计师五年强制轮换制度”实施之后的上市公司为样本，进行稳健性测试的结果表明，该制度对上述私人关系效应起到了一定的抑制作用。

3）换“所”不换“师”式变更对审计意见的影响

在本书的第6章，以签字注册会计师流动是否会带走客户为标准，将会计师事务所变更的具体形式进行划分，建立审计意见估计模型和多元线性回归模型，重点考察了换“所”不换“师”式变更对审计意见的影响。实证研究结果显示：在“签字注册会计师五年强制轮换制度”实施之前，上市公司更换会计师事务所后，审计意见并未得到改善，然而，换“所”不换“师”式变更却有助于审计意见的改善，上市公司有可能通过这种特殊形式的变更实现审计意见购买；而且，在换“所”不换“师”式变更下，签字注册会计师在变更前对客户的任期越长，越有可能出具标准审计意见。但在“签字注册会计师五年强制轮换制度”实施之后，该制度对公司管理层通过换“所”不换“师”式变更实施审计意见购买的行为起到了一定的限制作用。总体而言，换“所”不换“师”式变更，很可能会对签字注册会计师的独立性产生一定的负面影响，为客户出具有失公允的审计意见，需要广大投资者及监管部门给予足够重视与监督。

4）换“所”不换“师”式变更对审计费用的影响

在本书的第7章，以签字注册会计师流动带走客户为依据，将会计师事务所变更的具体形式划分为换“所”不换“师”式变更与其他形式变更，并着重考察了换“所”不换“师”式变更对审计费用产生的影响。实证研究结果显示：换“所”不换“师”式变更后的审计费用显著低于其他形式的变更；进一步地，在换“所”不换“师”式变更下，签字注册会计师在变更前对客户的任期越长，审计费用越低。这就表明，有可能是签字注册会计师对老客户积累的专用性知识和经验能够提高变更后审计的效率，节约审计成本；也有可能是，变更前签字注册会计师对客户的任期越长，其对“老客户”的经营、财务状况越了解，审计效率越高，因此节约了更多的审计时间与审计成本，能够更大程度地降低审计费用；还有可能是，基于自身利益考虑和对“追随恩情”的报答，签字注册会计师和“新东家”可能“折价”接纳“老客户”；当然，更有可能是以上各种“可能性”的混合体。也许我们没有必要去探究其最终的“可能性”，而更应该关注的是，在这些被折去的审计费用中可能蕴含了签字注册会计师独立性的损坏、在审计过程中上升的检查风险和被签字注册会计师忽略的诉讼风险。

5）换“所”不换“师”式变更的市场反应

在本书的第8章，基于会计师事务所变更事项信息披露选择及私人关系的视角，对会计师事务所变更事项信息披露选择及其市场反应进行剖析。实证研究结果显示：对会计师事务所变更事项进行专项公告披露的公司比非专项公告披露的公司更容易产生较差的市场反应；在专项公告中是否披露变更的具体原因及其类型会导致市场反应的差异，且投资者对“不利”原因尤为敏感；然而，对于承载着特殊信息含量的换“所”不换“师”式变更，投资者却未给予充分关注；在剔除事件日前后“重大事项”噪音等因素影响之后，研究结论仍较为稳健。上述研究结论表明，我国证监会要求上市公司就会计师事务所变更事件编制重大事项公告并予以对外披露是十分必要的，而且或许应当考虑要求上市公司对此进行专项公告披露，减少或避免因披露选择而产生的隐藏信息行为，从而确保广大投资者能够及时方便地获取这一信息并做出合理的投资决策。此外，证券监管部门及投资者应该对暗含着特殊人际关系及潜在利益本质的换“所”不换“师”式变更行为给予充分重视。

9.2 政策建议

本书的研究结果表明，随签字注册会计师流动而发生的会计师事务所变更，一方面可能导致审计质量和审计意见公允性下降，这将影响资本市场上的信息质量，进而影响整个市场的资源配置；另一方面这种特殊变更也有可能影响会计师事务所的审计定价策略。所有这些后果都有可能最终影响注册会计师行业乃至整个资本市场的稳定与发展。所以，如何面对这种特殊变更也是一项亟待研究与分析的问题。客观地讲，在我国审计市场上，随签字注册会计师流动而发生的会计师事务所变更行为之所以时有发生，一则与上述分析的文化传统中的人际关系有关，二则与我国财政部及证监会等监管部门对注册会计师流动管理的相关法规政策尚不健全也有密切联系。所以有必要在分析现有法规政策的基础上，寻找相应的完善建议，以应对与管理这种特殊的变更行为，从而促进审计行业乃至整个资本市场的稳定与发展。

1）现有法规政策及其存在的问题

就我国现有的审计服务行业法律法规而言，其中针对签字注册会计师流动行为管理的规定实不多见，而且可能存在些许漏洞或不足。

首先，关于会计师事务所变更事项的规定大都只针对上市公司，而忽略会计师事务所，如财政部及证监会等监管部门只是要求上市公司在解聘或不再续聘前任会计师事务所时，应当由股东大会提出来，并在相关报刊上披露，必要时说明更换会计师事务所的原因，并且报中国证监会和中注协备案（1996年，证监会《上市公司聘用和更换会计师事务所有关问题的通知》），对于会计师事务所合伙人之间的权利义务关系、合伙解散时有关权益的处理等问题的规定相对简陋。

其次，关于会计师事务所变更行为信息披露的规定也较为简单，如要求上市公司更换会计师事务所时需由股东大会做出解聘或更换决议，并披露解聘或更换的具体原因以及会计师事务所对此事项的陈述意见（2007年《上市公司信息披露管理办法》），尽管这些规定涉及了会计师事务所变更方面的信息披露，对信息披露的内容也做出了大概的要求。但是，在审计实务中，上市公司所披露的事务所变更原因大都是“审计业务合同期满”、“会计师事务所业务繁忙而无法按期完成审计工作”或“会计师事务所无法满足公司业务扩大后的审计需求”等冠冕堂皇且无关痛痒的变更理由，而诸如“审计意见分歧”、“公司财务状况恶化”或“公司管理层变更”等不便公开披露但可反映变更事项本质的原因却是少之又少，能够公开披露“与签字注册会计师共同跳槽”相关信息的上市公司更是凤毛麟角，这也直接体现了当前我国证券市场的信息不对称性以及披露不完善性。当然，这主要是因为现有的相关规定对客户追随签字注册会计师流动而带来的会计师事务所变更事项应予以披露的信息并没有作进一步的要求。

再者，当上市公司发生会计师事务所变更事项，尤其是发生追随签字注册会计师“共进退”这种特殊变更事项时，在上市公司关于会计师事务所变更事项的临时公告中对“共进退”行为有意避讳，要么含糊其辞，要么只字不提，在财务报告附注中也没有对这一事项予以说明，甚至在有些公司的审计报告中连注册会计师签名也没有。目前我国关于注册会计师流动管理的相关法规忽略了这一点，从而为追随签字注册会计师而相应变更会计师事务所行为留下了足够的空间，也为相关的不良后果乃至纠纷埋下了伏笔，妨害了会计师事务所执业服务质量的提高以及注册会计师行业的稳定与进一步发展。

最后，对于离开会计师事务所并准备带走客户的签字注册会计师而言，在什么时候必须将离职计划通知其所在的会计师事务所，发生诉讼时会计师事务所和签字注册会计师各自应承担什么责任和义务，目前在我国关于会计师事务所变更的相关法规中并未对此做出具体规范。事实上，这些事项的安排是至关重要的。当客户经营失败或会计舞弊、合谋被揭露时，根据“深口袋”原理，一方面客户会向会计师事务所及签字注册会计师追偿，另一方面市场监管部门及司法部门也会因会计师事务所及签字注册会计师违反职业道德、扰乱审计市场秩序等对其进行处罚。会计师事务所与签字注册会计师在这些方面的具体义务划分、责任承担及协调不但会影响签字注册会计师及会计师事务所自身的职业发展，还会影响审计行业的规范化建设，甚至关系到整个资本市场的良性发展。

2）注册会计师流动行为监管的政策建议

客观地讲，在我国审计市场上，签字注册会计师流动并带走客户这种特殊的会计师事务所变更行为之所以时有发生，一方面与我国资本市场起步较晚，审计市场发展不足，市场集中度低等客观因素有关；另一方面与我国财政部及证监会等监管部门对注册会计师流动管理的相关法规政策尚不健全有密切联系。借此，为完善相关法规建设，促进审计行业乃至整个资本市场的稳定与发展，我们认为有必要加强以下几个方面的政策规范。

第一，针对上市公司更换会计师事务所事项，一方面要求上市公司披露股东大会决议、更换会计师事务所的原因等基本信息，并报中国证监会和中注协备案；另一方面，要求签字注册会计师及所在会计师事务所对此事项发表意见，内容应涉及雇佣关系终止的原因、可能产生的经济后果、相关利益群体或个人应承担的责任和义务等，并报请中注协备案。尤其是，对于签字注册会计师流动并带走客户这一特殊变更行为，除上述基本要求之外，或许可以考虑要求上市公司在临时公告和财务报告附注中对追随签字注册会计师“共进退”行为做出简要说明，内容涉及变更原因、公司管理人员与签字注册会计师是否存在私人关系、公司与会计师事务所是否存在政治关联性等；并且要求签字注册会计师对客户财务状况、与客户管理层关系、是否存在异常报酬等敏感信息做出说明，以便市场投资者及监管者及时获悉此类决策有用性信息。

第二，对于因签字注册会计师流动而带来的会计师事务所变更，一方面，应要求签字注册会计师在离开会计师事务所之前的一定时期内提交辞呈，并对辞职原因做简要说明，关于会计师事务所和签字注册会计师各自应承担的责任和义务达成协议并备案；如果签字注册会计师是所在会计师事务所的合伙人之一，应当就合伙人之间的权利义务关系、合伙变更或解散时有关权益的处理等问题达成协议并备案。另一方面，就会计师事务所而言，对于刚刚加入本所的注册会计师应予以充分了解，尤其是那些将原来审计的客户带到本所的注册会计师。他们与被审计单位之间是否存在特殊的私人关系以及这种关系的亲密程度如何？这些上市公司在更换会计师事务所之前的经营业绩、财务风险等状况是否正常？上市公司与注册会计师之间是否在盈余管理方面存在合谋行为？会计师事务所需要对这些问题予以充分考虑，并采取有效的措施加以监督和控制，以保证审计服务质量，维护本所的市场声誉。

第三，加强注册会计师职业教育，包括执业技能培训和职业道德教育，提高注册会计师的业务水平和综合素质，维护其审计独立性，提高审计服务行业的整体水平。此外，还需加强我国证券市场的规范化建设，鼓励改革和创新，促进市场结构调整和优化升级，改善我国审计市场的买方市场状态，严格处罚恶意“价格竞争”行为，逐步减少审计市场的“劣币驱逐良币”的现象，促进审计市场的健康有序发展，为社会主义经济建设提供优质的审计服务，促进我国和谐社会的建设和发展。

总之，上述几点建议措施只是针对目前我国关于注册会计师个体流动及其执业行为监管的相关政策法规所存在的不足提出的粗浅意见，或许存在不恰当之处，或许在法规建立及实际执行过程中存在一定难度，但对这些法规政策的补充和完善却是至关重要的，它有助于注册会计师及会计师事务所的职业发展，有助于审计行业的规范化建设，更有助于整个资本市场的健康有序发展。

9.3　未来研究方向

本书的研究以签字注册会计师流动是否带走客户为标准，对会计师事务所变更的类型进行划分，重点考察客户追随签字注册会计师“同步流动”而形成的换“所”不换“师”式变更的行为动机与经济后果，然后结合理论分析和实证研究的结果，对相关监管政策的完善提出一些意见或建议。但囿于科研水平或研究篇幅，本书的研究尚存在些许不到之处，比如签字注册会计师的个体人口特征、执业行为特征及其经济后果等，这都有待未来深入研究。

简单地讲，由于签字注册会计师个人流动并携其客户“共进退”而形成的换“所”不换“师”式变更，就是签字注册会计师个人执业行为的一种表现形式。原则上，注册会计师的个体执业行为活动必须遵从注册会计师审计准则和职业道德准则的规范和要求，恪守独立性，以确保审计服务质量，从而切实有效地发挥注册会计师审计在会计信息鉴证、投资者利益保护等方面的经济作用。然而，在审计实务中，并非“师”皆如此。注册会计师在执业过程中，一方面基于审计行业监管部门与会计师事务所自身的执业质量要求，以及会计师事务所与注册会计师自身声誉和品牌维护的要求，需恪守独立性原则以保证审计服务质量；而另一方面被审计单位作为注册会计师“衣食父母”的客观事实，客户高管不合理干预以及审计市场激烈竞争等，又会诱致或迫使其削弱甚至丧失独立性。这些内、外部复杂因素的交互融合，无疑会导致注册会计师执业行为呈现出“合规”或者“违规”、“独立”或者“合谋”、“直观”或者“隐晦”等多元化的特征，进而引发一系列（不仅限于以下所列示的）关乎审计服务质量与成效的重要问题：

（1）在执业能力方面，注册会计师执业年限的长短是否会影响个人执业经验的积累？个人执业经验与个人执业专长是否会影响其专业胜任能力的发挥？注册会计师的继续教育培训能否充分发挥为注册会计师“充电续航”的效果？

（2）在执业独立性方面，签字注册会计师个人对重要客户的经济依赖是否会影响其精神独立性？他们是否会与其“重视”的客户管理层建立特殊的私人关系，甚至出现“御用”审计师、签字权垄断等现象？客户管理层权力对注册会计师执业独立性的干预，能否达成其预期目的？客户公司治理结构与会计师事务所声誉维护机制对这种干预效应是否具有一定的调节作用？

（3）在执业合规性方面，注册会计师是否严格遵循了“签字注册会计师五年强制轮换制度”？轮换之后的“冷却期”长短？进一步地，我们以《证券期货审计业务签字注册会计师定期轮换的规定》为代表的审计师轮换制度，作为一种虽饱受争议但也逐渐成为趋势的制度安排，它对注册会计师个体执业行为的约束和规范效果又如何？两年“冷却期”的设定是否恰当？目前我国关于注册会计师个体执业行为的监管政策存在哪些不足？

上述源于注册会计师个体层次的执业行为，虽不能尽数囊括注册会计师的全部执业活动，但却都是会对审计业务的质量及审计结果的呈现产生重要影响的常见行为，这些行为会直接影响被审计单位财务报告信息的可靠性和有用性，进而影响借助这些财务信息进行判断与决策的广大投资者的切身利益。因而，上述现实问题都是十分重要且亟须解答的，但目前已有的相关文献研究对此尚且涉猎不足。已有学者研究往往更多地关注注册会计师的表象个体特征（如年龄、性别与学历等）及其对审计服务质量的可能影响，而容易忽略注册会计师的动态执业行为（如执业经验、执业专长、超时审计、轮换冷却与审计合谋等）及其对审计结果呈现与业务质量的影响；而事实上，这些动态执业行为活动才更具有直接的决定性意义。因此，结合我国当前审计市场的环境及制度背景，系统全面探究审计实务的最终执行者——注册会计师个体动态执业行为的经济结果及其监管政策是十分必要且具备重要现实意义的，这不仅可以丰富注册会计师执业行为的相关理论知识，而且将有助于我们更加准确地解读注册会计师的动态执业行为及审计结果的最终呈现，进而有助于审计行业监管部门制定科学合理的政策制度，从而保证注册会计师审计服务在正确的轨道上高效运行。

[1]THUNEIBAT A. Do Audit Tenure and Firm Size Contribute to Audit Quality? Empirical Evidence from Jordan[J].Managerial Auditing Journal, 2011, 26（4）: 317–334.

[2]BALSAM S, KRISHNAN J, YANG J S. Auditor Industry Specialization and Earnings Quality[J].Auditing: A Journal of Practice and Theory, 2003, 22（2）: 71–97.

[3]BEHN B K, CARCELLO J V, HERMANSON D R, et al. Client Satisfaction and Big 6 Audit Fees[J]. Contemporary Accounting Research, 1999, 16（4）: 587–608.

[4]BHATTACHARJEE S M, MALETTA J, MORENO K K. The Cascading of Contrast Effects on Auditors' Judgments in Multiple Client Audit Environments[J].The Accounting Review, 2007, 82（5）: 1097–1117.

[5]BLOUIN J, GREIN B, ROUNTREE B. An Analysis of Forced Auditor Change: The Case of Former Arthur Andersen Clients [J].The Accounting Review, 2007, 82（3）: 621–650.

[6]CAHAN S F, ZHANG W. After Enron: Auditor Conservatism and Ex-Andersen Clients[J].The Accounting Review, 2006, 81（1）: 49–82.

[7]CHARLES C, XIJIA S, XI W. Forced Audit Firm Change, Continued

Partner-Client Relationship, and Financial Reporting Quality[J].Auditing: A Journal of Practice and Theory, 2009, 28 (2): 227-246.

[8]CHARLES C, XIJIA S, XI W. Auditor Changes Following a Big 4 Merger with a Local Chinese Firm: A Case Study [J].Auditing: A Journal of Practice and Theory, 2010, 29 (1): 41-72.

[9]CHEN C, LIN C, LIN Y. Audit Partner Tenure, Audit Firm Tenure, and Discretionary Accruals: Does Long Auditor Tenure Impair Earnings Quality[J].Contemporary Accounting Research, 2008, 25 (2): 415-445.

[10]CHEN Y, ZHOU J. Audit Committee, Board Characteristics and Auditor Switch Decision by Andersen Clients[J].Contemporary Accounting Research, 2007, 24 (4): 1085-1117.

[11]CHI W, DOUTHRTT B, LISIC L. Client Importance and Audit Partner Independence[J].Journal of Accounting and Public Policy, 2012, 31 (3): 320-336.

[12]CHI W, HUANG H, LIAO Y, et al. Mandatory Audit Partner Rotation, Audit Quality, and Market Perception: Evidence from Taiwan[J]. Contemporary Accounting Research, 2009, 26 (2): 359-391.

[13]CHIN C, CHI H. Reducing Restatements with Increased Industry Expertise [J].Contemporary Accounting Research, 2009, 26 (3): 729-765.

[14]CHOW C, RICE S. Qualified Audit Opinions and Auditor Switching [J].The Accounting Review, 1982, 57 (4): 326-335.

[15]CRASWELL A, FRANCIS J. Pricing Initial Audit Engagements: A Test of Competition Theories [J].The Accounting Review, 1999, 74 (2): 201-216.

[16]CRASWELL A, STOKES D J, LAUGHTON J. Auditor Independence and Fee Dependence [J].Journal of Accounting and Economics, 2002, 33 (2): 253-275.

[17]DAVID S. An Investigation of Securities and Exchange Commission Regulation of Auditor Change Disclosures: The Case of Accounting Series

Release NO.165[J].Journal of Accounting Research，1988，26（1）：134－145.

[18]DAVIDSON N，JIRAPORN P，DADALT P. Causes and Consequences of Audit Shopping：an Analysis of Auditor Opinions，Earnings Management，and Auditor Changes[J].Quarterly Journal of Business and Economics，2006，45（1）：69－87.

[19]DEANGELO L. Auditor Size，Audit Quality [J].Journal of Accounting and Economic，1981，3（3）：183－199.

[20]DEFOND L，SUBRAMANYAM R. Auditor Changes and Discretionary Accruals [J].Journal of Accounting and Economic，1998，25（3）：35－67.

[21]DEFOND L，FRANCIS R. Audit Research after Sarbanes－Oxley [J].Auditing：A Journal of Practice and Theory，2005，24（supplement）：5－30.

[22]DOPUCH N，KING R，SCHWARTZ R. An Experimental Investigation of Retention and Rotation Requirements[J].Journal of Accounting Research，2001，39（1）：93－117.

[23]DOV F，ALLEN S.CPA Switches and Associated Market Reactions [J].The Accounting Review，1981，56（2）：326－341.

[24]DUNN J，DAVID H，MARSHALL P. The Market Reaction to Auditor Resignations[J].Accounting and Business Research，1999，29（2）：95－108.

[25]DYE A. Informationally Motivated Auditor Replacement[J].Journal of Accounting and Economics，1991，14（4）：347－374.

[26]EARLEY E. The Differential Use of Information by Experienced and Novice Auditors in the Performance of Ill - structured Audit Tasks[J]. Contemporary Accounting Research，2002，19（4）：595－614.

[27]EICHENSECHER W，SHIELDS D. The Correlates of CPA - firm Change for Publicly - held Corporations[J].A Journal of Practice and Theory，1986，23（3）：23－38.

[28]FAN H，WONG J. Do External Auditors Perform a Corporate

Governance Role in Emerging Markets? Evidence from East Asia[J].Journal of Accounting Research，2005，43（1）：35-72.

[29]FERDINAND G，DONGHUI W，ZHIFENG Y. Do Individual Auditors Affect Audit Quality? Evidence from Archival Data[J].The Accounting Review，2013，88（6）：1993-2023.

[30]FERDINAND G，SUN J，TSUI L. Tracks：Audit Quality，Earnings，and the Shanghai Stock Market Reaction[J].Journal of Accounting，Auditing and Finance，2003，18（3）：411-427.

[31]FIRTH M，MO L，WONG K. Auditors' Organizational Form，Legal Liability and Reporting Conservatism：Evidence from China[J]. Contemporary Accounting Research，2012，29（1）：57-93.

[32]FRANCIS J. The Effect of Audit Firm Size on Audit Prices：A Study of the Australian Market[J].Journal of Accounting and Economics，1984，6（2）：133-15.

[33]FRANCIS R，YU D. Big 4 Office Size and Audit Quality[J].The Accounting Review，2009，84（5）：1521-1552.

[34]GEIGER A，NORTH D S，CONNELL T. The Auditor - to - Client Revolving Door and Earnings Management[J].Journal of Accounting，Auditing and Finance，2005，20（1）：1-26.

[35]HYATT A，PRAWITT F. Does Congruence between Audit Structure and Auditors' Locus of Control Affect Job Performance [J].The Accounting Review，2001，76（2）：263-274.

[36]JOHNSON B，LYS T. The Market for Audit Services Evidence from Voluntary Auditor Changes[J].Journal of Accounting and Economics，1990，12（1）：281-308.

[37]KLEIN B，CRAWFORD A，ALCHIAN A. Vertical Integration，Appropriable Rents，and the Competitive Contracting Process[J].Journal of Law and Economics，1978，21（2）：297-326.

[38]KRISHMAN J，STEPHEN G. Evidence on Opinion from Audit Opinion Conservatism[J].Journal of Accounting and Public Policy，1995，14

(3): 179-201.

[39]LANDSMAN WR, NELSON K K, ROUNTREE B R. Auditor Switches in the Pre - and Post - Enron Eras: Risk or Realignment?[J].The Accounting Review, 2009, 84 (2): 531-558.

[40]LENNOX C. Do Companies Successfully Engage in Opinion - shopping: Evidence from the UK[J].Journal of Accounting and Economics, 2000, 29 (3): 321-337.

[41]MICHANE F, OLIVER M R, XI WU. How Do Various Forms of Auditor Rotation Affect Audit Quality?[J].The International Journal of Accounting, 2012, 47 (1): 109-138.

[42]NAGY A. Mandatory Audit Firm Turnover, Financial Reporting Quality, and Client Bargaining Power: The Case of Arthur Andersen [J]. Accounting Horizon, 2005, 19 (2): 51-68.

[43]PALMROSE Z - V. An Analysis of Auditor Litigation and Audit Service Quality[J].The Accounting Review, 1988, 63 (1): 55-73.

[44]PAUL T, RAGHUNANDAN K, ABHIJIT B. Audit Report Lags after Voluntary and Involuntary Auditor Changes[J].Accounting Horizon, 2010, 24 (4): 671-688.

[45]SHU Z. Auditor Resignations: Clientele Effects and Legal Liability [J].Journal of Accounting and Economics, 2000, 29 (4): 173-205.

[46]SIMUNIC A, STEÍN T. The Impact of Litigation Risk on Audit Pricing: a Review of the Economics and the Evidence[J].Auditing: A Journal of Practice and Theory, 1996, 15 (2): 119-134.

[47]SUSAN S. Auditor Resignations: Clientele Effects and Legal Liability [J].Journal of Accounting and Economics, 2000, 29 (2): 173-205.

[48]TEOH H. Auditor Independence, Dismissal Threats, and the Market Reaction to Auditor Switches[J].Journal of Accounting Research, 1992, 30 (1): 1-23.

[49]WANG Q, WONG T, XIA L. State Ownership, the Institutional Environment, and Auditor Choice: Evidence from China[J].Journal of

Accounting and Economics，2008，46（1）：112-134.

[50]WHISENANT S，SANKARAGURUSWAMY S，RAGHUNANDAN K. Evidence on the Joint Determination of Audit and Non-Audit Fees[J]. Journal of Accounting Research，2003，41（4）：721-744.

[51]陈冬，陈平，唐建新.实际控制人类型、法律保护与会计师事务所变更——基于国企民营化的经验研究[J].会计研究，2009（11）：59-65.

[52]陈高才.会计师事务所特征影响审计报告时滞吗[J].财经论丛，2012（1）：91-96.

[53]储一昀，王妍玲.会计师事务所变更与审计师稳健主义——来自前任审计师为中天勤或深圳华鹏的上市公司的经验证据[J].审计研究，2007（5）：68-76.

[54]邓川.新四项减值准备、审计任期与独立审计意见[J].财经论丛，2004（6）：62-67.

[55]邓小洋，章莹莹.会计师事务所变更、盈余管理与审计质量[J].财经理论与实践，2005（3）：72-75.

[56]杜兴强，郭剑花.审计师变更与审计意见购买：一项经验研究[J].山西财经大学学报，2008（11）：101-112.

[57]耿建新，刘圆圆.AH股公司境内外审计收费差异的影响因素研究[J].上海立信会计学院学报，2009（6）：58-67.

[58]耿建新，杨鹤.我国上市公司变更会计师事务所情况的分析[J].会计研究，2001（4）：57-62.

[59]龚启辉，李志军，王善平.资源控制权与审计师轮换的治理效应[J].审计研究，2011（5）：73-81.

[60]韩洪灵，陈汉文.中国上市公司初始审计的定价折扣考察——来自审计师变更的经验证据[J].会计研究，2007（9）：83-89.

[61]胡奕明.会计师事务所报酬机制的设计[J].中国注册会计师，2004（12）：49-52.

[62]黄崑，张立民.监管政策、审计师变更与后任审计师谨慎性[J].审计研究，2010（1）：65-74.

[63]李东平，黄德华，王振林."不清洁"审计意见、盈余管理与会计

师事务所变更[J].会计研究，2001（6）：51-57.

[64]李明辉.代理成本与审计师选择行为研究综述[J].财经理论与实践，2007（1）：63-69.

[65]李爽，李辉，吴溪.审计师变更的市场反应：初步的经验证据[J].证券市场导报，2001（10）：4-10.

[66]李爽，吴溪.审计师变更的监管思想、政策效应与学术含义——基于2002年中国注册会计师协会监管措施的探讨[J].会计研究，2002（11）：32-36.

[67]李爽，吴溪.证券市场审计师变更的信息披露——制度比较与现状分析[J].审计研究，2001（3）：29-33.

[68]刘斌，彭凌.自愿性会计政策变更对会计师事务所变更的影响研究[J].财会通讯：学术版，2005（1）：52-56.

[69]刘成立.审计师变更、审计师任期与审计收费关系研究——基于2001—2003年的实证分析[J].财贸研究，2005（4）：96-101.

[70]刘峰，张立民，雷科罗.我国审计市场制度安排与审计质量需求——中天勤客户流向的案例分析[J].会计研究，2002（12）：22-27.

[71]刘启亮，唐建新.学习效应、私人关系、审计任期与审计质量[J].审计研究，2009（4）：52-63.

[72]刘伟，刘星.审计师变更、盈余操纵与审计师独立性——来自中国A股上市公司的经验证据[J].管理世界，2007（9）：129-135.

[73]陆正飞，童盼.审计意见、审计师变更与监管政策——一项以14号规则为例的经验研究[J].审计研究，2003（3）：30-35.

[74]沈红波.利益冲突、地域因素与审计师变更——来自我国证券市场的经验证据[J].山东财政学院学报，2007（3）：25-28.

[75]宋衍蘅，殷德全.会计师事务所变更、审计收费与审计质量——来自变更会计师事务所的上市公司的证据[J].审计研究，2005（2）：72-77.

[76]唐跃军.审计收费、审计委员会与意见购买——来自2004—2005年中国上市公司的证据[J].金融研究，2007（4）：114-128.

[77]涂国前.审计师变更的原因：意见分歧[J].中大管理研究，2008

（4）：53-68.

[78]谭燕.资源控制权、控制权收益与会计师事务所合并[J].会计研究，2006（6）：41-47.

[79]唐跃军.审计收费、审计师变更与意见购买[J].财务与会计，2009（9）：57-61.

[80]王春飞.扭亏、审计师变更与审计意见购买[J].审计与经济研究，2006（5）：31-35.

[81]王合喜，胡伟，康自强.变更会计师事务所对上市公司审计质量的影响研究[J].财会通讯：综合版，2004（8）：90-93.

[82]王宏宇，宋艳.上市公司变更审计师的原因探析[J].财会月刊：理论版，2009（5）：69-71.

[83]王少飞，唐松，李增泉，等.盈余管理、事务所客户资源控制权的归属与审计质量——来自中国资本市场的经验证据[J].审计研究，2010（1）：55-63.

[84]王雄元，张士成，高祎.审计委员会特征与会计师事务所变更的经验研究[J].审计研究，2008（4）：87-96.

[85]王艳艳，廖义刚.所有权安排、利益输送与会计师事务所变更——来自我国上市公司由大所向小所变更的经验证据[J].审计研究，2009（1）：43-49.

[86]王英姿，陈信元.我国会计师事务所变更的因素分析——一项基于安永大华合并前后客户构成变化的案例分析[J].管理世界，2004（12）：121-126.

[87]温国山，丁朝霞.事务所变更策略与非标审计意见规避行为研究——来自中国证券市场2001—2004年A股上市公司的证据[J].中山大学学报：社会科学版，2007（4）：109-114.

[88]吴联生，谭力.审计师变更决策与审计意见改善[J].审计研究，2005（2）：34-40.

[89]吴溪.证券市场中的审计师变更研究[J].中国注册会计师，2001（5）：10-15.

[90]吴溪.我国证券市场审计师变更的若干特征分析[J].中国注册会计

师，2002（1）：27-30.

[91]夏文贤，陈汉文.审计师变更、审计收费与审计委员会效率[J].财会通讯，2006（2）：3-13.

[92]谢盛纹，李晨睿.换“所”不换“师”式变更的影响因素分析[J].会计之友，2014（13）：65-69.

[93]谢盛纹，刘杨晖.换“所”不换“师”式变更的动因及经济后果[J].当代财经，2014（5）：111-118.

[94]谢盛纹，闫焕民.随签字注册会计师流动而发生的会计师事务所变更问题研究[J].会计研究，2012（4）：101-107.

[95]谢盛纹，闫焕民.事务所变更、信息隐藏及市场反应[J].审计与经济研究，2013（4）：23-33.

[96]谢盛纹，闫焕民.换“所”不换“师”式变更、超工具性关系与审计质量[J].会计研究，2013（12）：86-91.

[97]谢盛纹，闫焕民.换“所”不换“师”式变更改善了审计意见吗[J].财经论丛，2014（1）：64-71.

[98]谢盛纹，闫焕民.事务所轮换与签字注册会计师轮换的成效对比研究[J].审计研究，2014（4）：81-88.

[99]谢盛纹，叶王春子.换“所”不换“师”式变更与审计费用[J].北京工商大学学报：社会科学版，2014（4）：57-64.

[100]谢香兵.审计师变更、审计意见购买与政策监管——研究评述与中国的实践[J].财会通讯，2009（21）：64-66.

[101]辛清泉，王兵.交叉上市、国际四大与会计盈余质量[J].经济科学，2010（4）：96-109.

[102]熊建益.对我国上市公司更换会计师事务所的几点建议[J].财务与会计，2000（11）：34-34.

[103]薛爽，叶飞腾，洪韵.会计师-客户关系与事务所变更[J].会计研究，2013（9）：78-83.

[104]张继勋，徐奕.上市公司审计收费影响因素研究——来自上市公司2001—2003年的经验证据[J].中国会计评论，2005（1）：99-115.

[105]张立民，黄旸杨.审计师非自愿性变更与审计监管——来自2001

年中国审计市场的证据[J].审计与经济研究，2004（4）：1-5.

[106]张铁铸.年报审计市场及会计师事务所收费行为研究[J].审计与经济研究，2003，18（5）：25-29.

[107]张涛，吴联生.审计师变更与审计质量：一个理论分析[J].审计研究，2010（2）：9-47.

[108]张学谦，周雪.审计意见、盈余管理与审计师变更——来自中国证券市场的经验数据分析[J].统计与决策，2007（22）：116-119.

[109]赵劼，钱程.审计师更换对审计质量的影响分析[J].财会月刊，2008（29）：54-55.

[110]朱小平，郭志英.公司治理结构与会计师事务所变更的实证研究[J].审计与经济研究，2007（5）：9-15.

索引

索　引

后记

时光飞逝，自国家自然科学基金项目（71162010）“基于签字注册会计师流动的会计师事务所变更研究”立项，至今课题研究进入尾声阶段，已四年余。此时此刻，我的心情是复杂的，有一丝收获的喜悦，也有几分未知的困惑，然而更多的是满怀的感激之情。或许，点滴铅字难表寸心，寥寥数行难言感恩，却也只能借此抒怀。纵然，实无生花之妙笔，亦无潘江陆海之大才，却也句句肺腑。

兴趣使然，多年来我一直对注册会计师审计问题颇为关注。犹记，本课题研究最初的想法受启于财政部组织的首期“会计行业领军人才”培训班的学习与交流活动。从发现问题、拟订研究计划，到课题申报、项目获批，再到计划实施、调查分析与论文创作，再到最后的结题报告撰写，我与项目团队成员几经波折，披荆斩棘，相扶相携，共同走过每一步，不断延伸与开拓。在这四年多的探索与研究过程中，我们困惑过，也曾迷惘过，亦曾各持己见甚至争论不休过，但庆幸的是，我们始终都在为奔向同一个目标而共同努力着，共同分享着逻辑厘清那一刻的瞬间兴奋，不断收获着研究成果被认可时的欣慰与喜悦。

值此之际，由衷地感谢财政部搭建的学习与交流平台，各位学术造诣深厚的青年俊彦让我获益良多。感谢国家自然科学基金管理委员会对本研究项目给予的资助，使本书的研究得以有序和顺利地开展。感谢《会计研究》、《审计研究》、《审计与经济研究》、《当代财经》、《财经论丛》及《北京工商大学学报》等期刊的编辑人员及审稿专家的建设性意见，使得本书相关内容的研究得以完善、阶段性成果得以公开发表。

感谢我的博（硕）士生闫焕民、刘杨晖、李晨睿、叶王春子及田莉等，他们在本书研究的样本数据搜集、资料整理与文献梳理中付出了辛勤的劳动，并参与了本书相关阶段性研究成果以及本书部分章节的撰写工作。感谢东北财经大学出版社李智慧老师等对本研究报告出版付出的辛勤劳动和所提供的帮助！最后，感谢我的妻子和我的女儿，感谢我的同事、学生及其他曾经帮助我的人，感谢你们一直以来对我的无私关怀与鼎力支持！祝愿大家工作顺利，幸福美满，万事如意！

谢盛纹

2015年1月